名师名校名校长

凝聚名师共识
回应名师关怀
打造名师品牌
培育名师群体

谢明达题

语文学科
大单元教学
设计例解

宋晓朋　著

陕西师范大学出版总社　西安

图书代号　JY24N2565SY

图书在版编目（CIP）数据

语文学科大单元教学设计例解 / 宋晓朋著. -- 西安：
陕西师范大学出版总社有限公司，2024. 12. -- ISBN
978-7-5695-5164-8

Ⅰ. G633.302

中国国家版本馆CIP数据核字第2024JZ9871号

语文学科大单元教学设计例解
YUWEN XUEKE DADANYUAN JIAOXUE SHEJI LIJIE

宋晓朋　著

出 版 人	刘东风
出版统筹	杨　沁
特约编辑	杨　静
责任编辑	刘田菁
责任校对	王　越
封面设计	言之凿
出版发行	陕西师范大学出版总社
	（西安市长安南路199号　　邮编 710062）
网　　址	http://www.snupg.com
印　　刷	北京政采印刷服务有限公司
开　　本	710 mm×1000 mm　　1/16
印　　张	13.75
字　　数	205千
版　　次	2024年12月第1版
印　　次	2024年12月第1次印刷
书　　号	ISBN 978-7-5695-5164-8
定　　价	58.00元

读者使用时若发现印装质量问题，请与本社联系、调换。
电话：（029）85308697

前言

以语文学科的阅读教学为例，如果按照传统教学方法，一篇课文教什么？大概是字、词、句的积累，文章结构的梳理，人物形象或者景物特点的概括，作者感情的体悟，主题思想的提炼，等等。怎么教？大概是教师发出一个指令或者提出一个问题，学生开始研究、讨论、回答，最后教师总结出相对标准的答案，学生记住这些结论。考试的时候，学生根据记住的知识点解答试题。一节课从导入，到学生自学，到分组讨论，到学生展示，再到教师总结，形成一个相对完整的闭环，一篇课文用两三节课学完。学生收获了什么呢？大概是会写了几个字，说出了几个修辞或者描写手法的作用，知道了作者的感情倾向，等等。这些知识和技能有什么用呢？考试答题能用得上。考完试，毕了业，出了校门，学生能记住的恐怕没有多少了。长此以往，语文课的内容从一篇文章到另一篇文章的解读，语文课的教法从一节课的分析到另一节课的分析，学生学习语文从一些知识的记忆到另一些知识的记忆。如此循环，教师教得没有劲头，学生学得也没兴趣。

在教学论中有一个著名的"斯宾塞之问"——"什么知识最有价值？"仍以语文学科为例，我们也应该问一问——"语文课到底教什么？"《义务教育语文课程标准（2022年版）》（以下简称"新课标"）明确指出，语文课程致力于全体学生核心素养的形成与发展。"素养"指的是"适应未来发展的正确价值观、必备品格和关键能力"。教学内容从基础知识、基本技能向核心素养转化，这是时代发展的必然结果。20世纪八九十年代，我国居民普遍知识水平不高，生产力水平发展也不高，所以提高国民的基础文化水平就成了当时的主要教育目标。进入21世纪，特别是进入信息时代，人工智能技术发展迅速，很多劳动密集型产业的岗位都可以由AI技术代替，在这种背景下，没有什么知识和技能能让人一劳永逸，要想在日新月异的社会上从容不迫地生存，每个生命个体必须具有应对各种变化的素养。美国著名心理学家伯尔赫斯·弗雷德里克·斯金纳说过一句话："当所学的东西都忘掉之后，剩下的就是教育。"当知识被忘掉后还能让人幸福地生活，那一定是他具有"创造性地解决问题的能力"，这就是素养。

教学论中还有另外一个著名的"菲德尔之问"——"怎样学习知识才有价值？"新课标的课程实施部分指出，"探索大单元教学，积极开展主题化、项目式学习的综合性教学活动，促进学生举一反三、融会贯通，加强知识间的内在关联，促进知识结构化。"明确提出具体的教学方法，这在此前的课程标准或教学大纲中是从未有过的。大单元教学是学生素养养成的有效途径之一。因为素养的培养就是指向"在现实生活中解决问题"，而每一次大单元教学至少要把一种学科核心素养作为目标。作为一种教学方式，大单元教学就是要将对概念深度理解的思维迁移运用到新的情境之中，解决真实问题，也就是说，大单元最终是要将学科概念和原理转变成解决现实具体问题的思路和方法。

下面是围绕"大单元教学"对一定范围内的老师作的一项调查的结果：

您认为贯彻落实新课标精神，有必要引导学生开展"大单元教学"吗？	您对"大单元教学"的意义了解多少？	您对"大单元教学"的策略了解多少？	您希望在自己的课堂教学中运用"大单元教学"策略吗？	您希望获得"深度学习"策略指导的途径是？
认为有必要的人占97%	非常了解的人占2%	非常了解的人占2%	非常渴望运用深度教学策略的人占22%	以"阅读案例"为主的人占70%
认为可有可无的人占2%	一般了解的人占72%	一般了解的人占61%	可以接受的人占76%	以"专家讲座"为主的人占24%
认为没必要的人占1%	不了解的人占26%	不了解的人占37%	不想接受的人占2%	自己开发课题的人占6%

由这些数据可以看出来，教师是渴望研究和运用大单元教学策略的，但对于大单元教学及其方案设计普遍不了解，同时，希望自己通过"阅读案例"来了解和提高大单元教学策略的老师占大多数。

下面是对开展一段时间大单元教学后的实验班学生进行的调查的结果：

大单元教学和单篇教学，你更喜欢哪一种？	你喜欢大单元教学的原因有哪些？	长期开展大单元教学，你有什么顾虑吗？
喜欢大单元教学的占98%	单篇教学很枯燥，大单元教学有意思	死记硬背的时间少了，考试基础知识会不会丢分？
喜欢单篇教学的占0.7%	大单元教学跟现实生活有联系，学的东西有用	平时学习的材料跨度很大，容量也大，但考试题没有那么复杂，所以大单元教学是不是浪费时间？
无所谓的占1.3%	大单元教学"烧脑"，挑战自己有成就感	有些问题太难了，需要很多天很多人才能完成，课堂时间有限，感觉精力不够用
	大单元教学逼着自己查阅资料或者与同学合作，开阔眼界	有的老师讲的不是本学科的内容，可是又讲不明白，所以有时候不知道自己上的什么课，最后也不知道学到了什么

由这些信息可以看出来，学生对"大单元教学"抱有很大的兴趣和热情，但"教学评"还没能实现"一致化"，有的老师实施跨学科教学的能力有待提高。

基于以上对"教什么"和"怎么教"两个问题的分析，再加上对教师和学生调查的情况，初中语文特级教师宋晓朋带领的研究团队开发了广东省教育科学研究项目"大概念下的单元教学设计方案的开发研究"和深圳市教育科研专家工作室专项研究项目"新课程标准背景下深度教学方案的开发研究"。这两个项目均以"深度学习"特别是"大单元教学"为主要研究内容，从"大单元教学的推广背景和价值""大单元教学的学理依据""大单元教学的实施策略"等角度形成了系统的观点，并在课堂教学中加以实践。用理论指导实践，用实践检验理论，最终，形成的研究成果是有关大单元教学各个要素的一篇篇论文和各学段、各学科大单元教学的案例。而这一本《语文学科大单元教学设计例解》，是宋晓朋老师集长期理论钻研和教学摸索形成的专著，在对大单元教学的各个要素深入解析的基础上，对现行部编版初中阶段语文教材进行创造性的组合，为读者呈现了自然单元、跨学段单元、跨学科单元及整本书的大单元教学设计案例。

《语文学科大单元教学设计例解》一书是宋老师多年的心血凝结而成的，虽不乏粗拙之处，但标志着宋老师对"深度学习"，对"大单元教学"，没有观望，没有畏难，而是勇敢出发。尤为可贵的是，回望处已留下了坚实的脚印。希望同仁读到这本专著，一边存疑，一边鼓励。这样，道阻且长，行将必至。

著 者

目 录

附 录 / 197

上 篇

大单元教学理论

例谈大单元学习主题的确立

单元学习主题相当于一个容器，它界定了学习的内容、范围，指示了学习的目标和教学重点，串联起单元学习的各个环节，相当于"提纲挈领"中的"纲"和"领"。

一、单元学习主题的内涵

《义务教育语文课程标准（2022年版）》（以下简称《课程标准》）中几次提到"主题"的概念，例如："通过圈点、批注等多种方法呈现对作品中语言、形象、情感、主题的理解"，这里的"主题"指的是文章要表现的主要思想、题旨；"积极参加学校、社区举办的文化主题活动"，这里的"主题"规定的是语文活动的话题范围。大单元的学习主题又指什么呢？郭华、刘月霞提出："引领性学习主题是对单元学习核心内容的价值提炼，既反映学科本质和单元大观念，又要与真实世界和学生的基础与兴趣相联系，体现核心素养的落实的具体化与整体化。"根据这个定义，可以看出来单元学习主题相当于一个容器，它界定了学习的内容、范围，指示了学习的目标和教学重点，串联起单元学习的各个环节，相当于"提纲挈领"中的"纲"和"领"。

二、确定单元学习主题的原则

确定单元学习主题，要遵循几个基本原则。下面以统编版语文九年级上册第三单元为例加以解说。这个单元编选的文章有《岳阳楼记》《醉翁亭记》《湖心亭看雪》，古诗有《行路难（其一）》《酬乐天扬州初逢席上见赠》《水调歌头（明月几时有）》，同样的单元，同样的学习内容，在不同的原则下可以有不同的主题设计。

第一个原则是"能够体现核心素养，体现单元学习的现实意义"。大单元教学的最终目标就是培养学生的核心素养，引导学生将书本知识与现实生活加以联结，引导学生用课堂所学解决社会生活中的实际问题。单元学习的主题要聚焦学科本质问题，引导学生认识自我、人生、社会、世界。这样，这个单元的主题可以提炼为"人生低谷作何选择"。

第二个原则是"能够概括单元学习的主要内容"。单元学习的内容可以说千头万绪，作品本身、学科知识、教学策略等，要素繁多，单元学习主题就是要发现诸多材料与各个要素之间的共同点，以此为线索，将对文本的不同理解、单元的基础知识和基本技能以及多样化的教学策略整合在一起，从而使教和学的活动顺着一条主线有条不紊地开展。这样，这个单元的主题可以提炼为"山水名胜与人生志趣"。

第三个原则是"语言要具有吸引力"。单元学习主题是学生所接触的单元所有学习材料中最早的元素，"一样话百样说"，平淡无奇的主题显得可有可无，很容易被学生忽略，而一个新颖的主题会引起学生的注意，激发他们学习的兴趣。这样，这个单元的主题也可以概括为"大地的山水，大写的意趣"，这个表述要比"山水名胜与人生志趣"更含蓄些。

第四个原则是"能够从多角度进行表述"。如上面对同一单元主题的概括各有不同的角度，第一种概括角度是"核心素养"，第二种概括角度是"选文内容"，第三种角度是"语文要素"。之所以同一个单元会有不同的学习主题，是因为单元学习目标不同。例如，第一个主题反映的单元素养目标为"人生在世，难免遇到挫折，如何面对人生低谷？先哲往圣们用他们的行动给出了答案，后来者会从这些答案中汲取力量，树立起积极的人生观"，第二个主题反映的单元学习目标为"概括作者笔下的景物特点，找出表达作者人生志趣的内容，从中得到有益的启示"，第三个主题反映的单元学习目标为"抓住关键的词语或句子，说明作者笔下景物的特点，并能梳理出景物与人物思想之间的关系，能理解不同的人生态度会影响文章的语言风格"。

三、确定单元学习主题的依据

根据上述对单元学习主题内涵及确定原则的解说，确定单元学习主题可以从以下几个方面入手。

1.《课程标准》中提出的核心主题

《课程标准》提出，学习的内容要突出"重大主题"，这里的重大主题包括"中华优秀传统文化""革命文化""社会主义先进文化"。指导学生阅读《钢铁是怎样炼成的》《红岩》《红星照耀中国》等课外名著，就可以以"革命精神永垂不朽"为单元学习主题。

2. 教材中的人文主题

统编版教材采取"双线组元"的体例，双线指的是"人文主题"和"语文要素"。初中六册书共三十六个人文主题，比如，七年级上册第一单元到第三单元的人文主题依次是"四季美景""至爱亲情""学习生活"。单元学习主题就可以依次确定为"天地有大美""如何维系美好的亲情""难忘师恩"。

3. 课本中的语文要素

上面提到统编版语文教材的另外一条线索是"语文要素"。语文要素指的是语文训练的基本元素，包括基本方法、基本能力、基本学习内容和学习习惯。例如，统编版七年级上册第一单元的语文要素包括：重视朗读课文，想象文中描绘的情景，领略景物之美；把握好重音和停连，感受汉语声韵之美；注意揣摩和品味语言，体会比喻和拟人等修辞手法的表达效果。所以本单元学习主题可以确定为"读出景物之美"。

4. 选文的体裁特点

统编版初中语文教材有几个单元是以体裁为依据编选文本的，比如，八年级上册第一单元的体裁为新闻，第二单元为人物传记，第三单元为古代写景散文，第五单元为说明文；八年级下册第四单元为演讲稿，第五单元为现代游记。以八年级上册第一单元为例，确定的单元学习主题可以是"学做小记者"。

5. 广阔的社会生活

所有的在校学习课程都是为了帮助学生在社会生活中获得幸福的体验，反过来，广阔的社会生活才是最好的教材。《课程标准》就提出："教师应利用无时不有、无处不在的语文学习资源与实践机会……引导学生在多样的日常生活场景和社会实践活动中学习语言文字运用。"例如，发现有人在公共场合大声喧哗、抢座、插队等，能否予以有效的劝说，使事态在恶性爆发前就得到遏制？围绕这个问题，可以确定"不做旁观者"或者"如何有效劝阻"这类的学习主题引导学习，让学生体会到语文学科的育人价值。

四、单元学习主题的表现形式

由以上所举的实例可以看出，单元学习主题的外在表现形式一般有以下几种：

1. 词语或短语

例如，统编版语文七年级上册第一单元包括《春》等三篇散文，八年级上册第三单元包括《三峡》等四篇短文，九年级上册第三单元包括《岳阳楼记》等三篇文章，这些现代和古代散文都有大量的景物描写，所以如果以"风景"或者"人间胜景"为主题组织跨学段的单元学习，学习内容会非常丰富。但也正因为这类主题开放性过大，单元学习不容易聚焦，学习内容的丰富反而会导致学习边界过大，削弱某些文本的核心价值。例如，《春》《济南的冬天》《雨的四季》三篇文章突出的特点是采用多种修辞手法、调动多种感官描写景物，表现自然景物的美好。《三峡》《答谢中书书》《记承天寺夜游》《与朱元思书》的内容以写景为主，但意在景外，主要是借景抒情。《岳阳楼记》《醉翁亭记》《湖心亭看雪》中的景物描写目的更为复杂，不是简单的融情于景，作者主要想表达在个人际遇与家国大义两大命题之间的抉择，景物是这道重大选题的背景。所以，如果以"风景"或者"人间胜景"为主题开展大单元教学，要么会深浅难定，失之偏颇，要么会轻重不分，顾此失彼。

2. 陈述句

例如，八年级下册第五单元包括四篇游记——《壶口瀑布》《在长江源头各拉丹冬》《登勃朗峰》《一滴水经过丽江》。根据上面介绍的确定单元学习主题的依据，如以体现核心素养为主，可以提炼主题为"我用文字丈量大美山河"。如以体现人文主题为主，可以提炼主题为"江山多娇，引我折腰"。如以语文要素为线索，可以提炼主题为"用好三要素，写出好游记"。如以体裁为线索，可以提炼主题为"游遍美景，记在文中"。

用陈述语气的句子作单元学习主题，表意比较明确，指向比较集中，学生容易理解其含义，因而这类主题能够发挥概括单元学习的复杂内容、提示单元的学习重点等作用，如果表述的语言还能符合上面所说的"语言有吸引力"的原则，更容易引发学生的兴趣。

3. 疑问句

例如，八年级上册第五单元的五篇说明文包括《中国石拱桥》《苏州园林》《人民英雄永垂不朽——瞻仰首都人民英雄纪念碑》《蝉》《梦回繁华》，八年级下册第二单元的五篇说明文包括《大自然的语言》《恐龙无处不有》《被压扁的沙子》《大雁归来》《时间的脚印》。如果将这两个单元放在一起构成大单元学习内容，可以提出这些问题作为单元学习主题："物理和化学课本中的内容是以说明文为主吗？""如何写好手机使用说明书？"

以这样指向文本核心的问题作为单元学习主题，可以使学习过程聚焦到学习目标上，也能很好地引领学生开展学习，令学生调动高阶思维，将学习引向深刻性和创造性。当然，作为单元学习主题的问题一定是指向单元学习目标的，是聚焦单元大概念的，否则，问题过于肤浅，或者偏指单元学习内容非核心的部分，就起不到引领学习的作用。比如，同样是上面说明文的例子，如果设计的问题是"列数字有什么作用？""如何区分事物说明文和事理说明文？"这样的问题指向明确的答案，且答案是现成的，无须深入探究就能得到，因而不宜作为单元学习主题。

参考文献

［1］中华人民共和国教育部.义务教育语文课程标准（2022年版）
　　　［S］.北京：北京师范大学出版社，2022.

［2］陆志平.语文学习任务群的五个关键词［J］.语文建设，2022
　　　（11）：13-15.

［3］陈先云.统编小学语文教科书能力体系的构建［J］.小学语文，
　　　2019（Z1）：4-11.

例谈大单元设计的"三分析"

什么样的单元学习内容适合单元学习目标的达成？单元学习与《课程标准》之间有哪些联结？如何根据学生的实际情况选择合适的教学内容和教学方法？这些都要在单元学习开展之前进行总体分析和规划。

一、课程标准分析

无论大单元教学还是单篇教学，教师要明白确立素养目标及具体的学习目标的依据是什么。我们经常看到一种说法——"基于标准"，这里的"标准"指的就是每个学科的《课程标准》。也就是说，单元学习目标要建立在《课程标准》的基础上。大单元教学要进行整体设计，首先要分析课标。

课标分析要按照"摘录""分析""结论"三个步骤进行。下面以统编版七年级语文第一单元为例进行说明。第一单元的课文有《春》

《济南的冬天》《雨的四季》《古诗四首》。

（一）摘录

《课程标准》中可以作为单元教学目标依据的主要有"学段要求""学习内容要求""学业质量描述""教学提示与建议"四个方面内容。下列内容是摘录的与第一单元有关的课标陈述：

第一，课标第四学段的课程目标，在"阅读与鉴赏"中强调学生能够"体味和推敲重要词句在语言环境中的意义和作用"。

第二，在课程内容中，本单元的课文契合"发展型学习任务群"中"文学阅读与创意表达"的要求，其第四学段旨在引导学生"阅读表现人与自然的优秀文学作品，包括古诗文名篇，体会作者通过语言和形象构建的艺术世界"。

第三，在第四学段的"学业质量描述"中，课标要求学生"能从多角度揣摩、品味经典作品中的重要词句和富有表现力的语言"。

第四，在"教学建议"中，课标提出"注意减轻学生学习负担，避免死记硬背、机械训练；注意幼小衔接，减缓坡度，降低难度，增强学习的趣味性和吸引力"。

以上摘录的内容适合很多单元的学习，在具体到某个单元的学习时，教师就要把这些要求与具体的单元结合起来，将宏观要求分解为具体的单元学习要求。

（二）分析

上面四处摘录中，第一条和第三条基本是一致的，所以可以只取一条，而不必面面俱到。就第四条而言，对于刚上初中的学生来讲，教师的确要注意在难度上的控制。而第一条中"体味"是一个抽象动词，无法测量体味的深浅度。对于类似这样的不外显的动词，教师就要抓住关键词句进行分析，分析用什么样的教学策略达到课标的要求，并且分析学习的结果是否达标。例如，对上面摘录的内容分析如下：

"体会作者通过语言和形象构建的艺术世界"，这一要求体现在第一单元中，就是要学生通过朗读的方式，揣摩和品味富有表现力的词语和句子，联想和想象作者描绘的自然景观，说出或写出自己的感受，在此基础上积累写景的诗文。"增强学习的趣味性和吸引力"，这一要求要以学生的语文活动为主，教师以任务群、大单元等学习方式组织学习，学生在朗读、背诵、阅读等活动当中感受语言文字的魅力，感受自然的美好。

（三）结论

教师通过以上两个步骤，将课标要求和分析整合起来，最终总结课标背景下这一单元"学什么""学到什么程度""怎么学"。例如，七年级上册第一单元的结论如下：

综上所述，本单元的选文为体现"人与自然"主题的优秀散文和诗歌，教师在教学过程中要关注朗诵、语言表达与情感表达三个方面的内容，学生能通过朗读、想象等方式感受自然景观的美好，表达自己对语言文字和作者情感的独特理解和感悟。

二、教材分析

大单元教学中的教材分析是提升教学质量的关键环节。基于大概念的教材分析策略，主要包括三部分：从宏观到微观的分析，由表层到里层的分析，教材处理意见。下面以统编版语文七年级上册第二单元为例加以说明。第二单元的课文有《秋天的怀念》《散步》《金色花》《荷叶·母亲》《咏雪》《陈太丘与友期行》。

（一）从宏观到微观的分析

从宏观到微观指的是从宏观视角出发，先整体把握，再深入细节，同时注重单元间的联系与拓展。在大单元教学中，这意味着教师需先明确单元大主题，再围绕该主题构建知识网络，同时关注单元间的衔接与跨学科的联系。

1. 统整法与基点法的运用

统整法是根据一定的线索，整体性地建立单元与单元、单元与学科、单元与跨学科、单元与现实世界的联系。常见的线索有主题、大概念、素养目标、本质问题和关键挑战。例如，七年级上册第二单元的单元主题是"至爱亲情"，从这一大主题出发，教师可以整体性地建立单元间的关联，梳理整册教材乃至整个学段中涉及亲情的单元，提炼出共同的大概念（如家庭、情感、责任等），并围绕这些大概念设计教学活动。同时，考虑如何将本单元与跨学科内容（如历史、社会、艺术等）相联系，形成跨学科大概念。

基点法是以当前的单元为基点，建立单元与单元、单元与学科、单元与跨学科以及单元与现实世界之间的关联。例如，第二单元中的《秋天的怀念》一文，教师可以与其他叙述亲情的文章，如《我与地坛》等文章建立关联，通过对比阅读，加深学生对亲情多样性的理解。

2. 建立单元关联

首先，建立单元与单元的关联。例如，教师以单元大概念为线索，用统整法寻找单元与单元之间的联结。第二单元的大概念表现为作者采取不同体裁，如叙事散文、散文诗、古代笔记小说等，运用各种文学手法和技巧，如象征、借景抒情、细节描写等，塑造家庭生活中的感人形象，抒发对无私的母爱、家庭伦理、生命的意义等的独特感受。教师根据大概念可以将八年级上册第二单元的《回忆我的母亲》等不同年级或不同教材中的亲情主题单元，通过主题阅读、专题讨论等方式建立联系。

其次，建立单元与学科的关联。例如，以问题解决为线索，用基点法从学科专家思维的视角审视本单元的教学内容，思考如何教学才能有助于学生建立学科的专家思维。第二单元的文章都是写"单人单事"的文章，由此生发开去，还有"一人多事""多人多事"的文章，这几类文章的叙事和写人的方式不尽相同。所以本单元的学习为接下来第三单元中的《从百草园到三味书屋》《再塑生命的人》《往事依依》以及七年级下册第一单元中的《邓稼先》《说和做——记闻一多先生言行片段》等文章的学习打下基础。

再次，建立单元与跨学科的关联。教师要打破学科壁垒，将亲情主题与其他学科相结合，如通过历史学科的视角，使学生了解不同时代背景下的家庭观念变化；通过艺术学科的视角，让学生欣赏与亲情相关的艺术作品等。

最后，建立单元与现实世界的关联。教师要思考单元内容在现实世界中的应用价值，如引导学生思考如何在日常生活中表达亲情、维护家庭和谐等。

（二）由表层到里层的分析

由表层到里层的分析，顾名思义，就是看问题不能浅表化，而应深层化，挖掘事物的本质和内涵。在单元设计中，由表及里的分析主要体现在以下几个方面：

1. 单元的概念地图

单元的概念地图就是通过概念地图找到大概念和本质问题，形成观念纵横交错的知识网络。例如，通过概念地图，教师可以找到第二单元的大概念和本质问题。大概念包括"亲情与友情的内涵与价值""文学作品中亲情的表达方式"等，本质问题则涉及"如何理解亲情与友情的真谛""文学作品如何塑造亲情的形象"等。

2. 单元的结构

单元的结构就是以大概念为线索，分析单元内容的结构，形成并联型或串联型单元结构。例如，本单元的内容围绕"亲情与友情"这一大概念展开，形成并联型单元结构。各篇课文虽然体裁和风格不同，但都紧扣主题，共同构成了对亲情与友情的深入探讨。如下图所示：

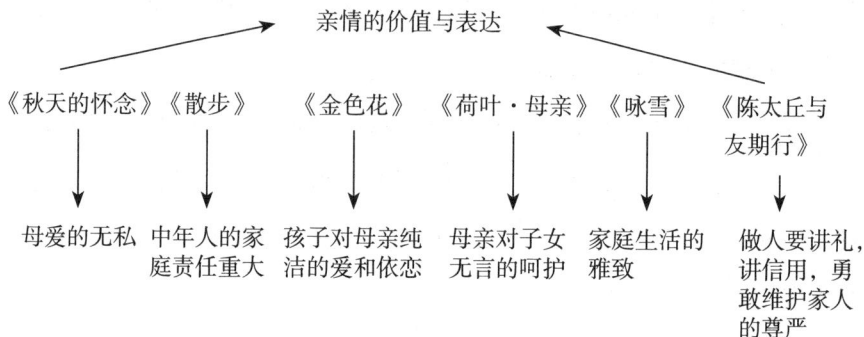

亲情的价值与表达

《秋天的怀念》	《散步》	《金色花》	《荷叶·母亲》	《咏雪》	《陈太丘与友期行》
母爱的无私	中年人的家庭责任重大	孩子对母亲纯洁的爱和依恋	母亲对子女无言的呵护	家庭生活的雅致	做人要讲礼，讲信用，勇敢维护家人的尊严

3. 单元的序列

单元的序列就是根据大概念合理安排单元内的课时顺序。例如，教师先安排单元导读课（1课时），交代本单元的评价任务：班级要举行"家庭生活分享会"，每个人选择家庭成员中的一位，讲述他（她）让你感到亲情的可贵的一件事，看看哪位同学的讲述最能打动人心，能让我们感到这个家庭充满温情。接着在老师的指导下，学生朗读几篇文章。接下来，学生先学习"单件事的叙述"，在事件叙述方面形成结构化的认识（2课时）；然后学习《秋天的怀念》（2课时）和《散步》（1

课时）两篇课文，初步感知"细节塑造人物的方法"以及"副词、形容词表达人物心情""感情抒发的独特性"，感受亲情与友情的温暖；再学习《散文诗二首》（2课时），进一步体会文学作品中亲情的表达方式；最后学习《〈世说新语〉二则》（2课时），加深对形象塑造方法的认识，从古代文学作品中汲取智慧。还要有单元总结课（1课时），教师对本单元以"单人单事"为主的表现亲情的文章在叙事的安排、人物的塑造、情感的抒发、体裁的选择等方面做总结。最后，学生根据本单元所学的讲述亲情故事的写作方法写一篇文章，然后班里召开"家庭生活分享会"（2课时）。

4. 单元设计的步骤

单元设计的步骤包括目标设计、评价设计、过程设计等，强调目标的重要性，以素养为导向，以大概念为抓手，根据大概念设计具体的教学过程。

（三）教材处理意见

在以上两个角度分析的基础上，最后要有"教材处理意见"的环节，这是教材分析中最重要的环节。教师不是教教材，而是用教材教，就是要通过上述分析得出教材整合意见，即重组教材内容，明确单元主题，构建新的学习单元。教材整合主要有三种思路：一是调换顺序，二是拓展内容，三是变换情境、例题、练习等。例如，第二单元通过以上的分析，教材的处理意见是：综上所述，立足单元统整教学视域，紧扣人文主题和语文要素，创设主题学习情境，融整学习内容，如下表所示：

七年级上册第二单元教学整体规划

单元大任务	子任务	学习内容	课时安排
班级要举行"家庭生活分享会",每个人选择家庭成员中的一位,讲述他(她)让你感到亲情的可贵的一件事,看哪位同学的讲述最能打动人心,让能我们感到这个家庭充满温情	子任务一:了解"一件事"如何讲述得吸引人	梳理本单元中的六篇课文叙述事件的共同思路:交代背景—出现矛盾—解决矛盾—事情结局—作者感受	2课时
	子任务二:了解"一个人"如何塑造得打动人	朗读六篇文章,批注令你感动之处,发现共同特点:通过细节刻画人物形象;动词前的副词内涵深刻;形容词表达人物或作者心情	7~8课时
	子任务三:了解"我"如何讲述得感染人	本单元除了《陈太丘与友期行》之外,每篇文章结尾都集中表达了作者的感情,对比几篇文章的结尾,发现它们的联系与区别	1课时
	子任务四:讲述自己的家庭生活	学生根据本单元课文在叙事、写人、抒情等方面的特点,写作《我们是一家人》;班级开展"家庭生活分享会",学生讲述自己家的故事	2课时

　　教材分析要避免眼光专注于低位概念和下级概念,较少抓住教材蕴含的上位概念和上级概念;还要避免眼光专注于庞杂、琐碎的知识点,较少关注知识与知识的纵横联系;避免只专注于知识的结果和结论,较少重视知识的实际作用以及背后蕴含的价值意蕴。

三、学情分析

　　学情分析就是要明晰在单元学习中,学生真实起点与逻辑起点之间的关系。大单元教学中,学情分析显得尤为重要。学情分析能够帮助教师了解学生的实际情况,包括学生的学习基础、兴趣、困难点等,从而制订更加科学合理的教学策略,提高教学效果。下面仍以统编版七年级上册第二单元的教学内容为例加以说明。

（一）学情分析在大单元教学中的应用

在大单元教学中，学情分析的应用主要体现在以下几个方面：

1. 制订教学目标

根据学情分析的结果，制订符合学生实际的教学目标，确保教学目标具有针对性和可行性。

2. 选择教学内容

根据学情分析的结果，选择适合的教学内容，确保教学内容与学生的认知水平相匹配，同时注重知识的整合与联系。

3. 设计教学活动

根据学情分析的结果，设计符合学生特点的教学活动，激发学生的学习兴趣和积极性，促进学生的自主学习和合作学习。

4. 实施教学评价

根据学情分析的结果，采用多元化的评价方式，全面了解学生的学习情况和学习效果，为教学改进提供依据。

（二）学情分析的内容

1. 学生的知识和技能基础

教师需要了解学生的基础知识掌握情况、学科能力水平以及学习方法等，以便制订适合的教学起点和进度。为了了解情况，教师可以调研这些问题：学生已有的认知基础是什么？认知水平如何？学生自己学习本单元知识会产生哪些疑问？哪些内容自己能够学会？哪些内容可以由同伴讨论学会？哪些地方需要教师点拨引导甚至讲解？通过本单元的教学，学生在哪些方面能获得发展？例如，七年级上册第二单元的几篇课文都是通过写一个人的一件事表现亲情可贵的主题，人物塑造主要采用细节描写。学生对人物的描写方法很熟悉，但对细节所体现出来的人物心情及形象特点，大多不能用完整的语言准确地表述，这就需要教师做出示范，引导学生用整段话对细节之处做出点评。

2. 学生的学习兴趣和态度

学生的学习兴趣和态度直接影响其学习效果。教师需要了解学生的学习兴趣点，激发其学习动力，同时关注学生的学习态度，引导其形成积极的学习习惯。为了了解情况，教师可以调研这些问题：学生喜欢怎样的情境？学生喜欢怎样的学习方式？调查显示学生对于"分角色朗读""表演式解读文言文""范读课文"等方式感兴趣，所以教师在课堂教学中要多采用这些能够调动学生积极性的方式。

3. 学生的学习困难点

教师需要了解学生在学习过程中遇到的困难和问题，包括知识理解、技能应用、思维障碍等，以便提供及时的帮助和指导。为了了解情况，教师可以调研这些问题：本单元知识对学生而言学习的困难是什么？用什么方法帮助学生突破难点？例如，本单元六篇文章中，特别是《秋天的怀念》《散步》《咏雪》《陈太丘与友期行》中都使用副词、形容词突出作者的情感，这些词语的运用及其表达效果往往为学生所忽略，这就需要教师点拨、示范、引导。另外，像《秋天的怀念》《散步》等文章的结尾，抒发感情的方式有的直接，有的委婉，有的借助修辞手法，有的借助景物。刚上初一的学生在比较中能够认识这些特点，但未必能模仿，这时教学不要操之过急，在其他学段还会学习文章的结尾抒情方式，要循序渐进。

4. 学生的身心发展状况

学生的身心发展状况也是学情分析的重要内容。教师需要了解学生的年龄、性别、个性、情感状态等，以便制订符合学生特点的教学策略。为了了解情况，教师可以调研这些问题：学生有没有与本单元知识相关的生活经验？学生的生活经验情况如何？例如，本单元的课文主要写家庭生活，学生对家人再熟悉不过，但日复一日的生活反倒容易让学生忽略家人之间温馨的点滴，特别是进入青春期的学生，会漠视父母的关爱，甚至说出伤害父母的话，这要在解读课文过程中提醒学生注意。如在《秋天的怀念》里作者失去母亲后深深的悔恨，《散步》中作者将爱的天平倾向母亲，《金色花》中"我"对母亲默默的关注和关心，《陈太丘与友期行》中元方对父亲尊严的维护，等等，这些都是学生应重点关注的内容。

参考文献

［1］中华人民共和国教育部.义务教育语文课程标准（2022年版）

［S］.北京：北京师范大学出版社，2022.

［2］刘徽.大概念教学：素养导向的单元整体设计［M］.北京：教育科学出版社，2022.

例谈大单元教学的目标设计

> 目标应该是预期的学习结果，也就是"学完这个单元后，学生能获得什么样的学习成果，形成什么素养"。

一、大单元教学目标概念

目标，决定了做事的方向，方向偏差，事情的发展和结果必然出现偏差，甚至南辕北辙。学习目标是指在课程或特定作业完成之后，教师期望学生所获得的知识和技能。单元教学目标是指一单元学习结束后，学生运用所学的知识和技能解决相应问题。素养目标是指学生在结束一门课程或者毕业后，能够运用所学的知识和技能解决实际问题。

二、教学目标的价值

1. 组织和指导学习

大单元教学目标能够帮助教师组织和指导学生的学习。通过设定明确的教学目标，教师可以确定学生需要掌握的知识和技能，并制订相应的教学计划和教学活动，以帮助学生达到这些目标。

2. 提供学习动力

大单元教学目标可以激发学生的学习兴趣和动力。当学生明确知道自己需要学习什么，并且知道学习的结果会是什么时，他们更有动力去努力学习，因为他们知道这对他们的学习和发展非常重要。

3. 评估学生学习成果

大单元教学目标为评估学生的学习成果提供了依据。教师可以根据教学目标来设计评估任务和评价标准，以确定学生是否达到了预期的学习目标。这样可以更客观地评估学生的学习成果，并为他们提供及时的反馈和指导。

4. 培养综合能力

大单元教学目标通常包括多个学科领域或综合能力的培养。通过设定跨学科的教学目标，学生可以在解决实际问题或完成综合性任务的过程中，培养批判思维、创新能力、合作与沟通能力等综合素养。

三、教学目标的构成

单元教学目标包括如下内容：

（一）素养目标

素养目标也被称为实践目标，是指学生在今后学习或真实生活中能够具备的素养，用来确定学生是否能够在实际情境中应用所学知识和技能解决实际问题。这个目标涉及学生解决实际问题、设计和执行项目、展示成果等。

（二）具体单元目标

可以从三个维度加以描述。下面以统编版九年级上册第四单元为例加以说明：

1. 情感维度

情感维度确定学生应该培养和发展的情感、态度和价值观。这个目标涉及学生对学科的兴趣、探究精神、自主学习能力、社会责任感等。例如，第四单元的情感维度目标可以定为：学生将接触到《故乡》《我的叔叔于勒》和《孤独之旅》等经典小说作品，能够对这些具有深刻主题、生动人物形象和精彩故事情节的作品产生浓厚兴趣和阅读欲望；在深入探究小说主题、人物形象、情节结构以及语言艺术的过程中，发展批判性思维和独立思考能力。

2. 认知维度

认知维度包括知识与理解目标，它可以确定学生应该掌握和理解的主要知识内容。这个目标涉及学科的核心概念、理论原理、事实和定义等。例如，第四单元的认识维度目标可以定为：学生需了解小说的基本特点，如虚构性、叙事性、形象性等，并能够根据这些特点来分析和鉴赏小说作品；深入理解小说中的人物形象、情节结构和环境描写等要素，并能够运用这些要素来分析小说的主题和内涵；通过查找资料了解本单元所选小说的作者、写作背景以及相关的文学流派和风格等常识，以便更好地理解和鉴赏小说作品。

3. 技能维度

技能维度目标能够确定学生应该具备的相关技能和能力。这个技能包括解决问题能力、批判性思维、创造性思维、沟通能力、合作能力等。例如，第四单元的技能维度目标可以定为：通过缩写原文，学生能整体把握原文主旨和结构脉络，提高概括提炼的能力；运用不同的阅读策略和方法，如对比阅读、替换词语等方法来理解和鉴赏小说作品；模仿小说中的语言特点和描写手法写作文；参考老师的方法，从不同角度分析人物形象和小说主题，并能够结合自己的生活体验来理解和评价小说作品，对小说人物、主题等产生独特的见解和感悟。

（三）其他具体单元目标

一般是简单的认知维度和技能维度的目标，往往是通过练习而不是经过理解来达成的，例如识字、写字、背诵等。

四、单元目标设定的误区

（一）目标过低

1. 将素养目标降低为知识与技能目标

如学习"游记"单元，教师以为学习的目标就是了解游记的文体特点并能够仿照例文写作游记，但仅仅停留在这个层面是不够的。现实生活中游记的形式比较灵活，用途比较广泛，比如，很多游客喜欢在抖音、博客、朋友圈里发布景点的图片和自己的感受，这就有别于传统的游记。所以，这一单元的素养学习目标就应该定为：学生能够读懂课本和生活中不同类型的游记，能够根据不同的写作对象、目的和发布场合，合理选择文章内容，特别是能写作与图片风景匹配的游记，以恰当的方式抒发感情，并引起读者的共鸣。

2. 目标局限在单课或者单个项目的目标层面上

《岳阳楼记》《醉翁亭记》《湖心亭看雪》这个单元，如果教师只对某一篇课文设计非常具体的目标，而没有渗透单元大概念意识，就无法将三篇文章乃至更多的类型群文构成一个集合，很难使学生形成对古代写景散文这类文章的结构性认识，也就很难实现本单元的迁移价值。这一单元的素养学习目标应该定为：通过对比阅读，学生能概括出古代写景散文在写景、叙事、抒情、议论等方面的一般写作规律，能根据这个规律阅读同类文言作品。

（二）目标过高

直接将《课程标准》中提出的学科素养目标罗列到教学目标中去。《课程标准》中提出的素养要求是宏观的，是针对每个学段提出的培养目标，如果把这些要求直接当成单元目标，"目标的模糊性会带来教学和学习实践中的一系列问题"。例如，《课程标准》中对诗歌、散文、小说、戏剧阅读提出这样的要求："阅读表现人与社会、人与他人的古今优秀诗歌、散文、小说、戏剧等文学作品，学习欣赏、品味作品的语言、形象等，交流审美感受，体会作品的情感和思想内涵；尝试写诗歌、小小说等。"学习《沁园春·雪》《我爱这土地》《乡愁》《你是人间的四月天》这些现代诗，如果教师照搬《课程标准》中的说法，那就无法落实教学目标。学习这个单元，素养目标应该定为：学生能正确把握诗歌朗读的节奏、语气、语调；抓住诗歌的意象及其表情达意的特征，能用自己的话表达出诗歌的情感；能仿照优秀诗歌表情达意的方式，用诗歌的形式描绘生活中的人、事、物、景等，表达情感和态度。

（三）目标偏离

设定的单元学习目标不是学科重点，或者不符合学科重点。例如，学习《消息二则》《首届诺贝尔奖颁发》《"飞天"凌空——跳水姑娘吕伟夺魁记》《一着惊海天——目击我国航母舰载战斗机首架次成功着舰》《国行公祭，为佑世界和平》这一单元，教师如果将单元学习目标定为"领略英雄人物或英雄群体的奋进精神"，这虽然也是这一单元需要学生从中感知的内容，但确定为学习的重点未免失之偏颇。因为这更适合在道德与法治课上重点研究。作为语文学科，这个单元的素养目标应该定为：

学生能了解新闻常见的样式并能说明它们之间的联系与区别，能对生活中常见的新闻样式做辨析，能在实地采访基础上写作简单的消息或通讯。

五、单元目标撰写的注意事项

目标应该是预期的学习结果，也就是"学完这个单元后，学生能获得什么样的学习成果，形成什么素养"。威金斯和麦克泰格在《理解为先单元教学设计实例：教师专业发展工具书》一书中指出："我们的课堂、单元和课程在逻辑上应该从想要达到的学习结果导出，而不是从我们擅长的教法、教材和活动导出。"因此，设定单元学习目标要注意以下几点：

（一）单元目标要以学生为主语，而不能写成教师的教学行为

例如，可以写成"学生能运用课内所学的古诗意象角度赏析课外古诗"，而不能写成"教师讲解中国古代诗歌中意象的相关知识"。

（二）单元目标要写清学生学习的结果，而不是学生学习的行为

例如，应该写成"能总结人物传记的基本写法，并能运用这些基本写法为自己或熟悉的人立传"，而不应该写成"朗读课文，查阅相关资料，小组合作总结人物传记的基本写法"。

（三）学习任务要分解，并聚焦于具体的认知过程

例如，不能笼统地写成"能写作简单的议论文"，而应该写成"能提出鲜明的观点，并能选取恰当的事例论证论点，且能按照一定的逻辑顺序安排论证材料"。

（四）单元目标要清晰具体

例如，单元目标可以定为：学生能够设计出暑假读书活动的整个过程，包括提供一份适合初三学生阅读的书单，确定每天的读书时长，提交的读书心得形式及总字数，开学后展出的优秀作品要求。

（五）清晰地看到学生的学习过程

应当使用行为动词来指明具体的行动和行为，让老师清晰地看到学生的学习过程。下表是单元目标三个维度的关键词及其样例：

维度	水平	关键词	样例
情感维度	接受	关注、体会、愿意	关注……的现象；提出……的问题；体会……在生活中的应用
	反应	喜爱、好奇、主动	主动……；对……具有好奇心
	价值化	态度、个性、意识、价值观、自觉	具有使用……的意识；能自觉……；形成……价值观
认知维度	低阶思维	记住、再认、认识、列出	认识……生字；背出……原理；能模仿样例……
	高阶思维	理解、解释、比较、分类、归纳、梳理、综合、应用	能理解……原理；对……做出解释；能梳理……历史
	元认知	总结、自省、评价、自我认知	能用思维导图等方式对……进行整理；能对自己的单元学习情况进行总结
技能维度	单一技能	使用、操作、观察、会写	观察……事物；会写……生字
	复合技能	选择、决定、预测、设计、创作、建构、计划、欣赏、辨别、比较、调查、发现、实验、解决问题	比较各类作品中的文化现象和观念；学会排除……障碍；选择……方案；预测……发展；设计……方案；欣赏……作品；解决……的问题；通过研究发现……

六、单元目标撰写典型模板及举例

阶段：确定预期学习结果

在此介绍单元目标撰写的两种典型模板，一是威金斯和麦克泰格采用的目标解析方法，说明如下：

参照目标：

> （明确一个或多个设计目标）

预期的理解有哪些？

> 学生将理解……
> （基于可迁移的核心观点，明确需要持续理解的内容）

需要考虑的基本问题有哪些？

> （设定基本问题，以指导学生探究，并使教学聚焦于揭示内容背后的重要观点）

学生在本单元学习中应该掌握的关键知识和技能是什么？

> 学生将会知道……　　　　　　　　学生将能够……
> （确定希望学生知道或学生能够做到的知识和技能）

以"语言艺术"为例，上述模板的使用方法如下：

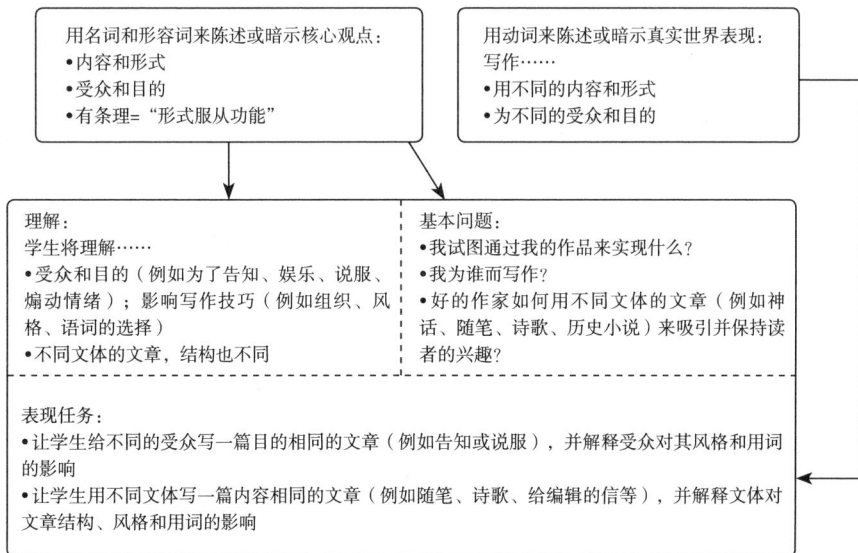

> 用名词和形容词来陈述或暗示核心观点：
> •内容和形式
> •受众和目的
> •有条理＝"形式服从功能"

> 用动词来陈述或暗示真实世界表现：
> 写作……
> •用不同的内容和形式
> •为不同的受众和目的

> 理解：
> 学生将理解……
> •受众和目的（例如为了告知、娱乐、说服、煽动情绪）；影响写作技巧（例如组织、风格、语词的选择）
> •不同文体的文章，结构也不同

> 基本问题：
> •我试图通过我的作品来实现什么？
> •我为谁而写作？
> •好的作家如何用不同文体的文章（例如神话、随笔、诗歌、历史小说）来吸引并保持读者的兴趣？

> 表现任务：
> •让学生给不同的受众写一篇目的相同的文章（例如告知或说服），并解释受众对其风格和用词的影响
> •让学生用不同文体写一篇内容相同的文章（例如随笔、诗歌、给编辑的信等），并解释文体对文章结构、风格和用词的影响

二是刘徽采用的目标设计模板，说明如下：

目标设计模板

素养目标		
学生在今后学习或真实生活中能够具备……素养		
层面	单元大概念	具体单元目标
跨学科层面	大概念1：…… 学生将会理解……	1. 情感维度（学生具备……的意识） 2. 认知维度（学生将知道……，理解……） 3. 技能维度（学生能够做到……）
	……	……
学科层面	大概念1：…… 学生将会理解……	1. 情感维度（学生具备……的意识） 2. 认知维度（学生将知道……，理解……） 3. 技能维度（学生能够做到……）
	……	……
其他具体单元目标		
学会操作……；学会……动作；会写……；熟练掌握……的计算；认识生字……		

以"初中语文议论文单元"为例，上述模板的使用方法如下：

素养目标	
能够读懂学习和生活中不同类型的议论文，体会语言风格、论证方法的差异，准确迅速地抓住议论文要表达的要点；能够根据不同的对象、目的和场合，合理选材和构思，并正确灵活运用不同的论证方法进行书面或口头表达；养成有意锻炼思维、明确表达思想、辩证看待生活现象、关注社会发展的习惯	
单元大概念	具体单元目标
大概念1：议论文是表达作者观点、阐明道理的一种文体	1. 能够把握议论文的特点，将之与其他文体相区分 2. 体会议论文在人类生活中的必要性 3. 形成清晰、准确表达观点的思维习惯

续 表

单元大概念	具体单元目标
大概念2：根据不同的目的和对象等，议论文可以分为不同的类型，它们的语言风格和论证方法都有所差异	1. 理解议论文在不同情境下的功用 2. 能够根据论证目的的不同，区分立论、驳论的方式 3. 能够辨别反讽、幽默、严谨等语言风格 4. 能分析文章逻辑严谨之处 5. 能够根据不同的议论文类型进行合理选材和构思，突显重点和要点
大概念3：不同论证方法的用途有所不同，如举例论证是为了增强论证的可信度，道理论证是为了增强论证的说服力等	1. 能够识别不同的论证方法 2. 认识举例论证、道理论证、比喻论证、对比论证等论证方法的价值和作用 3. 能够正确灵活地运用论证方法
其他单元目标	认识并正确书写"诓骗""前仆后继""墨守""不言而喻"等词语

参考文献

［1］安布罗斯，布里奇斯.聪明教学7原理：基于学习科学的教学策略［M］.庞维国，译.上海：华东师范大学出版社，2022.

［2］刘徽.大概念教学：素养导向的单元整体设计［M］.北京：教育科学出版社，2022.

［3］中华人民共和国教育部.义务教育语文课程标准（2022年版）［S］.北京：北京师范大学出版社，2022.

［4］威金斯，麦克泰格.理解为先单元教学设计实例：教师专业发展工具书［M］.盛群力，张恩铭，王陈烁，等译.3版.宁波：宁波出版社，2021.

大单元教学中大概念的表现形式、
学理依据及提炼路径

> 深度教学包含繁多的内容，如何将这些内容转化为学生的素养呢？核心概念成为二者间的桥梁。

　　义务教育阶段各学科的课程标准规定了教学目标的素养方向。所谓素养目标，即"让课程目标始终聚焦于培养学生在真实情境中解决复杂问题的高级能力和人性能力，也就是培养学生可普遍迁移的正确价值观、必备品格和关键能力"。核心素养是学习的预期结果，如何将预期结果变为现实？将"宽而浅"的教学转向"窄而深"的深度学习是解决问题的办法。大单元教学是深度学习的表现形式之一，它是以大概念为基础，将同题材的教学内容，以及课外教学资料组合在一起，形成区别于碎片化教学的教学方式。也就是说，大概念能将大单元教学中的繁多学习内容、学习资源整合在一起，为单元的素养目标达成发挥作用。素养目标、大单元教学、大概念三者的关系如下图所示：

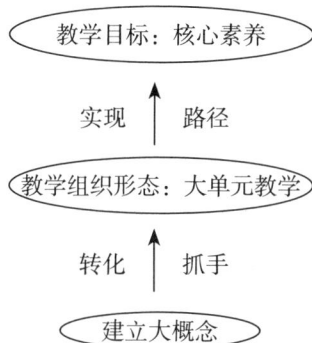

"没有大概念的素养目标是空洞的，只有理解了大概念，我们才能正确行动。"

一、大概念的定义、表现形式

"大概念"是什么？这里采用学者胡玉华的解释："在科学教育中，要帮助学生建构整合各个信息片段的、具有逻辑内聚力的知识结构，并将各个片段汇集到上述的全信息结构之中，而这个结构体系的核心就是大概念。"

与中小学教学联系紧密的大概念主要表现为以下两种形式：

1. 概念

概念作为大概念的主要表现形式之一，主要以图表、目录以及索引等形式呈现，具有明确的指向性。

2. 观念

观念泛指围绕一个主题提出的看法或者是观点，具有论证意义。表现形式上，观念主要以原理、理论为主，可以明确体现出作者的看法。

由以上定义及分类，教师可以判断和甄别所提炼的内容是否为大概念。例如"写景散文单元"，这是单元的文体主题而不是大概念；再如"写景散文借助景物抒发作者的思想感情"，这虽然是观念，但并没有涵盖写景散文全方面的特质，只能算是极小的概念。如将多篇写景散文放在一起构成大单元教学，那么大概念应该是："写景散文主要以自然景物的特点为描写对象，通过安排一定的写景顺序，采用虚实结合、动静结合、调动感官等多种写作手法，运用修辞手法以及或整或散的句式以增加语言表现力。它与叙述性、说明性和议论性的文体不同，注重在景物描写和情感抒发中给人以思想的启迪。"

二、大概念的学理依据

1. 惰性知识

学校教学过分注重识记能力，教学方式以反复训练为主，可以使学生在一定程度上掌握各个章节的知识。但是从培养学生思维素养的角度分析，虽然大多数学生都可以掌握相关的知识，但是他们不会主动思考，只是单纯地完成识记。学生在上述情形下获取的知识统称为"惰性知识"，可能在一段时间后，学生就会忘记学过的此类知识。

2. 高通路迁移

教师对学生核心素养的培养，旨在对惰性知识完成转变，促使学生可以主动思考。在实践阶段，教师要把握教学的真实性，依托情境开展相关教学活动，并且新任务与原任务差异性越大，越接近专家思维，这就叫作"高通路迁移"。例如，老师在课堂上不厌其烦地讲解新闻的分类、结构、语言特色，但真要学生做一次采访并撰写不同样式的新闻稿，学生却无从写起。这是因为课堂上大量的讲解或者大量低端的反复训练，对于解决真实的采访和写作问题没有起到指导作用，这就不是高通路迁移。

3. 理解才能促成高通路迁移

理解性学习是《课程标准》提出的新理念，需要教师在课堂上积极引导学生，使学生可以领悟到相关知识的内涵，而不是单纯地停留在表面。还以新闻写作为例，在实践阶段，为了达到预期的目标，教师可以安排学生分组领取采访任务，同时要求每组撰写不同体裁的新闻稿，学生带着困惑就会调动各种资源理清采访稿的重点以及新闻稿的布局谋篇、表达方式的运用以及语言风格的不同等知识，并且在应用过程中不断验证或校正自己的认知，最终形成自己对新闻写作的全面而正确的认识，也就真正理解了新闻写作知识。

4. 理解的关键是建立大概念

为了便于学生理解大概念，教师需要积极建立大概念。对学生来说，如果思维受限，且主动思考的意识没有得到有效培养，在参与教学活动的过程中就无法对大概念产生足够深刻的理解。脑科学的研究也证明了大概念的重要性，安德烈·焦尔当提出：脑处理的不是分散的信息而是概念，这些概念处在认知机制的中心。学者们也用各种比喻来说明大概念的核心位置和关键作用，如威金斯认为："大概念既是各种条例清晰的关系的核心，又是使事实更容易理解和有用的一个概念锚点。"

三、大概念的提炼路径

大概念可以分为四个层级，由低到高依次为：基本知能—学科观点—跨学科观—哲学观点。大概念提取的路径可以从上到下，也可以自下而上。按照刘徽教授的观点，"上"包括课程标准、教材、专家思维、概念派生，"下"包括生活价值、知能目标、学习难点、评价标准。如下图所示：

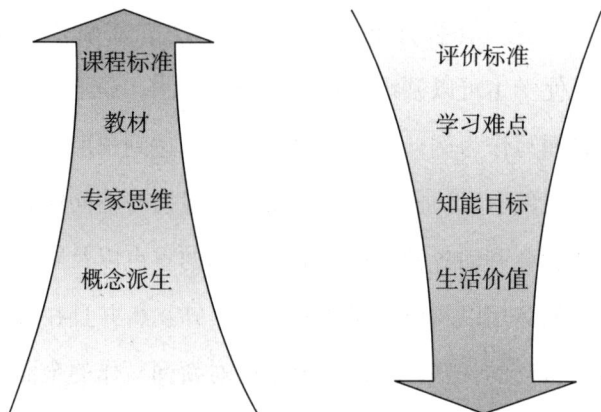

课程标准
教材
专家思维
概念派生

评价标准
学习难点
知能目标
生活价值

举例说明如下：

1.《课程标准》角度

语文学科的课标里有这样的要求："欣赏文学作品，有自己的情感体验，初步领悟作品的内涵，从中获得对自然、社会、人生的有益启示。能对作品中感人的情境和形象说出自己的体验，品味作品中富于表现力的语言。"与之对应的大概念是：文学作品的审美价值常常体现在语言表达、形象塑造和情感共鸣上。

2. 教材角度

统编版七年级下册第三单元的"单元导读"部分有这样一段话："本单元学习精读，要在通览全篇、了解大意的基础上，把握关键语句或段落，字斟句酌，揣摩品味其含义和表达的妙处。还要注意结合人物生平及其所处时代，透过细节描写，把握人物特征，理解人物的思想感情。"与之对应的大概念是：精读指要仔细品味有深刻含义的字词、句段、篇章，理解其中蕴含的深刻内涵，特别是要注重这些内容在人物塑造上所起的作用。

3. 专家思维角度

朱自清在《经典常谈》里提出这样的观点："诗的源头是歌谣。上古时候，没有文字，只有唱的歌谣，没有写的诗。一个人高兴的时候或悲哀的时候，常愿意将自己的心情诉说出来，给别人或自己听。日常的言语不够劲儿，便用歌唱；一唱三叹的叫别人回肠荡气。唱叹再不够的话，便手也舞起来了，脚也蹈起来了，反正要将劲儿使到了家。碰到节日，大家聚在一起酬神作乐，唱歌的机会更多。或一唱众和，或彼此竞胜。"与之对应的大概念是：诗歌是一种抒情言志的文学体裁，是用高度凝练的言语，生动形象地表达作者丰厚情感，集中反映社会生活并具有一定节拍和韵律的文学体裁。

4. 概念派生角度

关于小说，有这样的概念："小说中的全知视角因为不受视角的限制，可以在不同场景、时间上任意切换，自由剖析众多人物的行为和心理，便于展现广阔的生活场景和社会画面，所以宏大的作品一般采用这种全知叙述。"与之对应的大概念是：《白鹿原》《平凡的世界》等当代长篇小说中的全知视角因为不受视角的限制，可以在不同场景、时间上任意切换，自由剖析众多人物的行为和心理，便于展现广阔的生活场景和社会画面，所以现代宏大的作品一般采用全知叙述。

5. 生活价值角度

微信、QQ、微博、E-mail等，是现代人们沟通的重要媒介，但这些媒介之间也有区别：微信、QQ等聊天工具相对比较私密，可以一对一，也可以一对多，而微博公开程度相对大，受众面广，E-mail承担的主要是收发材料或信件等任务。这样，媒介功能不同，发送对象不同，受众范围和对象性质不同，其在人们生活中的作用也不同。对此可以提取出这样的大概念：实用文要服务于特定的对象，在利用不同的媒介交流的过程中，考虑内容传达的清晰正确性以及情感上的可接受度。

6. 知能目标角度

对于初学说明文的学生，会有这样的技能要求：能够识别打比方、分类别、举例子等说明方法，认识这些说明方法的作用，灵活运用说明方法写作。与之对应的大概念是：不同说明方法的用途不同，但都是为了说明事物的特征。

7. 学习难点角度

学习消息、人物通讯和人物特写的时候，学生学习的难点在于不好区分三者的差别。据此，相应的大概念就是：广义的新闻包括消息、通讯、特写等，都是及时、准确地报道真实的人和事，以供社会了解；都可以采用叙事、议论的方式，但根据不同的写作对象和写作目的，各自运用的表达方式和表现手法有所不同。

8. 评价标准角度

游记大单元的阶段性学习目标是这样的：能清楚地交代游踪，运用移步换景和定点观察相结合的方式，写出游览过程中的所见所闻和所感。与之对应的大概念是：观察是为了更好地收集素材，但游记不一定面面俱到，要根据作者的写作目的有所选择地交代游踪和相应的见闻。

以大概念为抓手的大单元教学，能够促进学生对所学知识的整体思考，最终形成知识的结构化，培养学生批判性思维能力、表达能力、创造能力、碎片化信息整合和处理的能力。这些能力对于学生适应现在和未来复杂的社会生活打下基础，因为这就是在培养他们的素养。

参考文献

［1］胡玉华.基于核心素养的学科大概念及其教学策略［J］.基础教育课程，2021（12）：13-21.

［2］焦尔当.学习的本质［M］.杭零，译.上海：华东师范大学出版社，2015.

［3］威金斯，麦克泰格.追求理解的教学设计：第2版［M］.闫寒冰，宋雪莲，赖平，译.上海：华东师范大学出版社，2017.

［4］章巍.大概念教学15讲［M］.北京：中国人民大学出版社，2023.

［5］刘徽.大概念教学：素养导向的单元整体设计［M］.北京：教育科学出版社，2022.

大单元教学中基本问题的设计

核心概念是抽象的，是教师组织整个单元繁多要素的工具，学生并不能直接理解核心概念，那核心概念如何转化成学生能够接受的内容呢？我们可以将核心概念转变为"基本问题"。

一、基本问题的概念

1. 基本问题定义

基本问题，也被称为核心问题、本质问题，或者叫"大问题"（big questions，也被译为"开放性问题"）。我们知道，大单元教学靠大概念统领，而大概念比较抽象，无法直接展示给学生。所以教师要将大概念转化成基本问题，引起学生在整个单元学习过程中，不断归纳、总结、反思，最终形成对大概念的理解。这样看来，"大概念和核心问题，就像谜底（大概念）和谜面（核心问题）的关系。我们对核心问题预设的'理想答案'，其实就是大概念。所以，核心问题也可以看作对大概念的一种设问。"

2. 基本问题特点

对比一组基本问题和非基本问题，就能得出基本问题的特点：

非基本问题	基本问题
1. 朱自清的《背影》用了哪些描写手法刻画人物？	1. 为什么名家笔下的人物形象能够感人？
2. 小说三要素分别是什么？	2. 一部优秀的小说作品可以有效引起读者的共鸣，这个说法是正确的吗？
3. 设置悬念有哪些作用？	3. 吸引你阅读的因素有哪些？
4. 作品中的景物描写往往产生哪些作用？	4. 名著一定能畅销吗？
5. 这两篇文章在观点上有哪些相同之处？	5. 为什么这些文章的观点使人信服？

由以上对比可以看出，基本问题不是能用一个简短的句子或者分条目完成作答的，没有所谓的标准答案；基本问题与广阔的现实世界相关联，需要查阅课内外的资料才能形成自己的观点；基本问题开放性的答案会引发新的思考；基本问题贯穿单元学习始终，不断被提到。总体上讲，设计基本问题的主要目标在于引导学生产生思考，保证其思维可以保持在一个相对活跃的状态。

3. 判断的根本依据

麦克泰格和威金斯说："目标胜于形式。"也就是说，判断一个问题是不是基本问题的关键在于目标，看这些问题是不是能引导学生像专家一样思考。同样形式的问题，有可能是基本问题，也有可能是非基本问题。比如上面"小说三要素分别是什么"的问题，如果提问的目的是让学生背出课本上的标准答案，那就不是基本问题。如果目的是让学生通过阅读一定数量的小说作品，经过比较、分析、推理、归纳的思维过程，概括出对小说基本要素的认识，掌握一种从个别现象归纳出一般规律的思维方法，这就是基本问题。

二、基本问题的分类

按照不同的标准，基本问题分为如下几类：

范围标准	跨学科基本问题
	学科基本问题
	单元基本问题
功能标准	导入式基本问题
	展开式基本问题
	总结式基本问题
	元认知基本问题
关系标准	具体与具体
	具体与抽象
	抽象与抽象

下面以"整本书阅读"的主题学习为例，对基本问题的分类展开说明。

单元基本问题是基于单元主题或话题，学生探索指定主题内的核心观点，如"你相信《红星照耀中国》里写的故事吗？为什么？"

导入式基本问题主要是起到吸引学生投入学习的效果，所以要有一定的趣味性，如"如果将《骆驼祥子》改成课本剧，你作为编剧会怎么做？"

展开式基本问题是在学习过程中不断推动学生逐渐深入地思考，使学生的观点越来越严密，如"鲍鹏山这样评价武松——以打虎开始，以打狗结束；以打虎成功开始，以打狗失败结束。他的一生是'虎头狗尾'的一生。你认可鲍先生这个说法吗？为什么？"

总结式基本问题主要是在一个讨论阶段结束时的回顾，如"读完《海底两万里》，你认为科幻小说的真实性如何体现？"

元认知基本问题的运用表现出了个体的思考和反思，特别是对于那些关注技能发展和表现的学生来说效果十分明显，如"读了《儒林外史》，你学到了哪些塑造人物的方法？还有哪些表现在接下来的整本书阅读中需要改进？"

具体与抽象基本问题，如"《西游记》和《水浒传》都塑造了英雄的形象，通过这两部作品，说说你眼中的英雄具有哪些品质？"

抽象与抽象基本问题，如"上帝视角和有限视角各有哪些优缺点？"

具体与具体基本问题，如"《骆驼祥子》和《简·爱》的叙述视角不同，你更欣赏哪一种角度？为什么？"

三、基本问题的设计

麦克泰格和威金斯给出了一般基本问题设计的六条线索，铂金斯给出了四种设计方法，刘徽给出了八条路径，这里将几人的结论综合起来，总结如下：

线索1：从课程内容寻找

例如，课程内容是"童话和寓言故事"，那么基本问题就是"虚构的故事和寓意之间如何保持一致性？"

线索2：从《课程标准》中发现

例如，《课程标准》中第四学段的课程目标有这样的要求："欣赏文学作品，有自己的情感体验，初步领悟作品的内涵，从中获得对自然、社会、人生的有益启示。"基本问题可以是"阅读文学作品，我们要站在谁的角度？"

线索3：从大概念的不同形式中得出

例如，大概念有三种形式——概念、观念、论题。以"非连续性文本"话题为例，基本问题可以是"非连续性文本有哪些特征？"（概念）；还可以是"非连续性文本为什么能适应信息时代？"（观念）。

线索4：在不同层次的问题中增殖

例如，学科基本问题具体化就是单元基本问题。如果学科基本问题是"优秀的文学作品是如何牢牢抓住读者的？"单元基本问题就是"优秀的科幻作品是怎样吸引读者的？"反过来，也可以由单元基本问题找到它的上位概念，形成学科基本问题和跨学科基本问题。

线索5：从错误认知中发现

例如，学生常有的错误认识往往就是他们理解上的难点，这就需要设计基本问题改正他们的错误认知。如学生认为故事一定要有形象的描写和深刻的寓意，以此可以设计这样的基本问题："什么是故事？"

线索6：从教材分析中寻找

例如，八年级下册第一单元的单元导语提示："学习本单元，要注意体会作者是如何根据需要综合运用多种表达方式的；还要注意感受作者寄寓的情思，品味作品中富于表现力的语言。"据此，基本问题可以是"读者可以从哪些地方体会到作者表情达意的妙处？"

线索7：从评价标准角度提问

例如，"好的传记作品是什么样的？"

线索8：利用要素设计问题

例如，基本问题有些常见的要素，可以参照来设计问题——"从谁的视角来看？从什么观点出发？如何确定信息的真伪？有哪些证据？不同人、事件是怎样相互关联的？产生联系的原因是什么？它们之间的联系产生了什么后果？这个观点里哪个部分是新的，哪部分是旧的？为什么这种观点很重要？"

四、基本问题的修订

设计出好的基本问题并非易事，从设计问题再到调整都是需要下功夫的。也只有经过不断调整，才可以设计出达到预期效果的基本问题。首先，检查和修改基本问题可以对照前面介绍的基本问题的概念和特点进行评价；其次，可以使用一些简单的技巧设计问题，如"到什么程度？有多少？怎么样？"这类微小但有效的提问方式可以给我们提供一些帮助。

初始基本问题	对初始问题的评价	修订后的基本问题	对修订后的基本问题的评价
什么是诗歌的意境？	这个问题可以在书上找到明确的答案	你如何鉴赏诗歌的意境？	这个问题需要对大量的案例进行探究，能够展现学生归纳和演绎的思维过程
"山水田园派"诗歌有哪些特色？	这个问题引导学生思考，但只用回顾老师讲过的答案即可	"山水田园派"诗歌的作者谁做到了诗人合一？	这个问题要学生对代表性作品的内容和代表性作家的生平进行整理、比照、分析、总结
王维和苏轼的诗（词）在内容上有哪些相似性？	这个问题可以通过网络搜索查到答案	王维和苏轼的诗（词），哪个人的作品更能给你心灵的慰藉？	这个问题不仅要将两位诗人的作品分类，还要联系读者的人生经历

五、基本问题的使用

基本问题在使用过程中不同于非基本问题的地方在于，基本问题不会在被提问和讨论过后就被遗忘了，学生需要不断回顾基本问题进行进一步的探讨和深入的思考，以达到更为深刻的理解。基于麦克泰格和威金斯的理论，在设计基本问题的过程中，需要经历四个步骤，并且逐一把控每个步骤的实施效果。下面以《古文观止》的阅读为例展开介绍：

步骤1：提出一个问题，用于激发探究

例如：《古文观止》为什么只收录了这222篇文章，就敢称为"观止"？

步骤2：引出不同的回答并对这些回答进行提问

学生浏览《古文观止》中任意10篇文章，对其进行评价，试图找出它们的共同之处。不同的学生会提出不同的观点。

步骤3：提出并探讨新的想法（这个做法持续在整个单元学习过程之中）

例如：学生阅读《孟子》中的《齐桓晋文之事》，《庄子》中的《秋水》，《韩非子》中的《买椟还珠》，同时继续阅读《古文观止》中的其他文章，之后教师推荐学生阅读《左传》中的《子产不毁乡校》，《国语》中的《孔丘非难季康子以田赋》，《战国策》中的《阴姬与江姬争为后》，《史记》中的《刺客列传》，围绕基本问题，继续探究《古文观止》的222篇文章的特色和价值。

步骤4：到达暂时的终点

要求学生就基本问题对自己的阅读结果、新的见解、新的问题进行总结。

参考文献

[1] 章巍.大概念教学15讲［M］.北京：中国人民大学出版社，2023.

[2] 威金斯，麦克泰格.追求理解的教学设计：第2版［M］.闫寒冰，宋雪莲，赖平，译.上海：华东师范大学出版社，2017.

[3] 刘徽.大概念教学：素养导向的单元整体设计［M］.北京：教育科学出版社，2022.

[4] 季洪旭.单元教学探索：基于理解的逆向教学设计案例［M］.上海：华东师范大学出版社，2021.

[5] 威金斯，麦克泰格.让教师学会提问：以基本问题打开学生的理解之门［M］.俎媛媛，译.北京：中国轻工业出版社，2023.

大单元教学的评价设计

> 怎样证明一个深度教学过后，学生已经获得了相应的学科核心素养呢？学生通过运用所学的知识和技能，解决真实情境中的问题，也就是完成"评价任务"。

大单元教学的最终评价不是放在教学的终端，而是要紧随学习目标之后，在教学活动开展之前就要确立，并且要在课堂教学最初交代给学生。评价也不是简单的课堂上教师对学生说一句"你真棒"，而是一个系统的"工程"。

一、最终评价任务前置的必要性

大单元教学在展开之前将最终评价设计前置是非常重要的，这是为了确保教学活动能够达到预期的教学目标，有效地促进学生的学习。威金斯和麦克泰格的"逆向设计"理论已经对此做了深刻的阐释。以下是评价前置的重要性：

1. 确认目标和方向

在教学设计开始之前，评价前置可以帮助教师明确教学目标、学习结果以及预期的学习方向。这有助于确保教学活动与整体教学目标保持一致，以便有针对性地设计教学内容和方法。

2. 识别学生需求

通过评价前置，教师可以更好地了解学生的知识水平、学习风格和兴趣，从而更好地满足他们的学习需求。这有助于个性化和差异化教学，提高学生的学习效果。

3. 调整教学策略

评价前置可以揭示出教学中可能存在的问题和挑战，从而让教师在教学实施之前有机会调整教学策略。这可以帮助教师更好地准备教学材料、选择合适的教学方法，并在教学过程中灵活应对变化。

4. 提高教学效果

评价前置有助于确保教学设计的有效性和可行性。通过提前识别可能出现的教学问题，教师可以采取相应措施来减少学生的困惑和误解，从而提高学习的效果。

总之，评价前置可以确保教学设计的质量和可行性，使教学活动更加有针对性、有效性和灵活性，从而促进学生积极学习并提高学习效果。

二、评价三要素

（一）评价三要素及其关系

一个好的评价方案，主要包括三个要素。一是评价目标，二是评价任务，三是评价量规或评价量表。评价目标是方向，指"到哪里去"，评价目标与学习目标一脉相承，评价就是为了检验学习目标的达成情况；评价任务是证据，指"学生做什么才能证明到了目的地"，评价任务是为了目标实现而设计的学习任务，也就是通过任务的完成而实现评价目标；评价量规是标准，指"任务做到什么程度才算好"，评价标准是针对评价目标和评价任务设计的，是目标达成程度的具体体现。三者之间相互联系、相辅相成，共同组成了持续性学习评价系统。

（二）评价目标与评价任务之间的关系

在大单元教学中，评价任务非常关键，起着承上启下的作用，上接学习目标，以视其与目标的匹配性；下连学习过程，把评价嵌入到学习过程中，从而达到教、学、评的一致性。也可以说，评价任务就是目标的视听化、问题化、作品化。评价任务需与学习目标密切勾连，需与学习目标相匹配，评价任务与评价活动才有意义。下面以《艾青诗选》为例，说明评价目标和评价任务之间的关系：

评价目标	评价任务
读懂每首诗歌的意蕴，领会作者的感情倾向，分析诗歌的语言特色，总结学习艾青诗歌的现实意义	班级两周后要召开《艾青诗选》阅读汇报会，选择艾青四个创作时期的各两首诗，从"意象及其象征意义""作者的思想感情""语言表现形式"三个角度重新排序，并制作成课件，在汇报会上向同学们讲解这八首诗的排序结果及依据

（三）评价任务的特征

1. 评价任务必须具有真实情境

学校培养学生的目的不是为了让他们应付考试，而是能让学生运用所学的知识、技能适应广阔的社会生活，"教育教学的最终目的是使学生在未来可以成功地解决真实情境中的复杂问题。"所以，检验学生是否真正"学会"，不应该是看他们是否能完成一份试题，而是看他们是否能在生活情境中运用所学。例如，语文课上学习说明文，学生知道了说明方法及其作用，考试时在试卷上能够准确无误地判断出某种说明方法，也能将这些方法的作用答得头头是道。但是，在现实生活中，一张桌子的组装图纸都看不懂，或者到某地去连最佳路线也不会选择，这都说明学生并没有真正学会说明方法。考试分数再高，不过是"低通路迁移"，学到的只是"惰性知识"。而生活情境是"劣构性"的，也就是存在各种书本上无法预设的情况，所以评价任务情境应该是真实的，同时应具有开放性、复杂性和多元性。

2. 评价任务必须要有"表现性"

表现性评价旨在评估个体在特定任务或活动中的实际执行能力和表现，而不仅仅是他们掌握的知识或理论理解。这种评估方法侧重于捕捉学生在实际应用和执行中所展现的技能、能力和表现，通常与实际任务或情境紧密相关。表现性评价通常与传统的笔试或选择题考试形成对比，后者主要关注知识的记忆和理解。相反，表现性评价强调学生的能力，注重他们如何将知识和技能应用于实际情境，以及他们在任务执行中的表现质量。

（四）评价任务的要素

"GRASPS"是由美国的格兰特·威金斯和杰伊·麦克泰格倡导的一种评估模式。这个模式中的每个字母对应一个任务元素，分别是目标（Goal）、角色（Role）、对象（Audience）、情境（Situation）、表现或产品（Performance / Product）和标准（Standards）。这6个要素非常贴近我们的生活，对学生的学习效果可以进行真实有效的评估。其中不可或缺的三个要素为情境、角色、目标。

1. 情境

上面已经阐明了评价任务的真实性特征，描述真实性任务时要说明在什么背景下发生，有哪些资源，在什么条件下发生。

2. 角色

角色指的是学生要在评价任务中充当的角色和任务中其他人的身份，赋予学生一个身份会使他们进入情境，也能使他们明确自己要完成的任务。

3. 目标

目标是学生所要完成的作品及要达到的标准。只有有明确的作品及要求，才能检验学生是否完成了任务，任务完成的程度如何。

上面例举的《艾青诗选》的评价任务中，"班级两周后要召开《艾青诗选》阅读汇报会"是"情境"。"选择艾青四个创作时期的各两首诗，从意象及其象征意义、作者的思想感情、语言表现形式三个角度重新排序，并制作成课件，在汇报会上向同学们讲解这八首诗的排序结果及依据"是"目标"，其中的"课件""讲解"是作品，"从意象及其象征意义、作者的思想感情、语言表现形式三个角度重新排序，讲解这八首诗的排序结果及依据"是标准。而学生在这个任务中的角色就是本人。

（五）评价任务的类别

根据完成的最终成果，评价任务可以分为四类。下面以八年级上册"身边的文化遗产"综合性学习活动为例加以说明：

1. 决策类任务

活动之初，学生要对身边的文化遗产进行推荐与评选。小组之间要有所分工，避免重复。学生在了解文化遗产的定义和入选标准的基础上，通过回忆、访问、资料搜索等形式，找出身边符合条件的项目。最后组员讨论，选出推荐人数最多、认同度最高的项目作为本组的"申遗"项目。决策类任务的成果多是决议案等。

2. 设计类任务

例如，在这个综合性学习活动中，有"实地考察，搜集资料，撰写申请报告"的要求，这就要对考察前、考察中、考察后的活动都要进行设计。设计类任务的成果多是设计方案、制作成品等。

3. 探究类任务

考察结束后学生要撰写《优秀文化遗产申请报告》，报告要涉及建筑保护现状及面临的问题、拟采取的保护措施。为了完成撰写报告的任务，学生就要对身边的文化遗产进行实地考察和对相关人员进行采访，同时还要查阅资料。总之，学生要对建筑的多方面情况进行深入的探究才能完成任务。探究类成果多是实验报告、调查报告等。

4. 鉴赏类任务

本次综合性活动内容之一为"班级召开模拟答辩会"，需要每个小组推举一位组员担任"申遗代表"，负责介绍小组推荐的项目。代表们需要介绍建筑的独特魅力，用图文并茂的形式，以诗情画意的语言，用富有感染力的声调，引起评委的注意。这就需要学生以独特的眼光发现建筑在历史、构造、材料、与周围环境的协调程度等方面的特别之处。鉴赏类任务的成果多是评论、鉴赏报告等。

（六）评价量规的编制

如果是选择题、判断题、填空题这类的客观题目，一般都有标准答案，但大单元教学的评价任务，特别是最终的评价任务，结论都是开放性的，所以要用评价量规对学习水平加以描述。例如作文评改，往往都是"双评"或"三评"，在出现一定分差的情况下，还要有仲裁的环节，这是由不同的阅卷老师对作文的评价标准不一致造成的。因此，大单元教学一开始就应该向学生提供评价量规，这样才能让学生时时对照量规监测自己的学习效果。如果量规是由师生共同制定，学生的学习动力会更强，学习效率会更高。

（七）评价量规的分类

评价的目的和对象不同，评价量规的内容也有所不同。量规可以是对学习成果进行评价，也可以对学习成果所反映的学生认知水平进行评价。

1. 成果评价量规

成果评价量规的划分维度尽量不交叉，以免由于重复评价造成评价不公允。同时划分的维度不要太多，以免评价过于繁琐而减弱其操作性。

例如，上面设计的《艾青诗选》的评价任务可以制定为成果评价量规，如下表所示：

评价目标	评价任务	成果评价量规			评分（满分100）
		维度	权重	指标	
读懂每首诗歌的意蕴，领会作者的感情倾向，分析诗歌的语言特色，总结学习艾青诗歌的现实意义	班级两周后要召开《艾青诗选》阅读汇报会，选择艾青四个创作时期的各两首诗，从"意象及其象征意义""作者的思想感情""语言表现形式"三个角度重新排序，并制作成课件，在汇报会上向同学们讲解这八首诗的排序结果及依据	知识准确性	60%	对诗歌意象及其象征意义、作者的思想感情、语言的表现形式的判断是否准确，排序是否正确	
		讲解流畅度	20%	讲解的语言是否流畅，表达是否清楚	
		课件美观度	20%	课件内容是否精炼，观赏起来是否美观	

2. 认知水平评价量规

认知水平评价量规目前以彼格斯的SOLO分类理论最受推崇。仍以《艾青诗选》的评价为例，评价量规设计如下表所示：

评价目标	评价任务	认知水平评价量规		
		水平	描述	等级评分
读懂每首诗歌的意蕴，领会作者的感情倾向，分析诗歌的语言特色，总结学习艾青诗歌的现实意义	班级两周后要召开《艾青诗选》阅读汇报会，选择艾青四个创作时期的各两首诗，从"意象及其象征意义""作者的思想感情""语言表现形式"三个角度重新排序，并制作课件，在汇报会上向同学们讲解这八首诗的排序结果及依据	前结构	不理解题意，选择的八首诗不符合四个时期的要求	0
		单点结构	八首诗的三次排序，依据不充分，无法说清结论的来源	1
		多点结构	三次排序，涉及规定的三个角度，但对诗歌的关系分析不当，导致诗歌的分类不当	2
		关联结构	能够准确判断每首诗歌的三个角度，而且能按照不同角度将诗歌分类并排序	3
		拓展抽象结构	能按照不同角度对诗歌进行分析并正确排序，还能在此基础上总结出阅读艾青诗歌的方法	4

三、评价的实施

（一）评价的主体

不同于以往的以教师为评价主体，大单元教学的评价主体是多元的。教学过程中，既需要教师发挥引导、指导的作用，也要学生参与评价，包括同伴互评、学生自评。特别是学生的自我评价尤其重要，因为学生的自评跟元认知的发展关系紧密。元认知包括自我监控、调解与反思，我们要让学生发挥评价的主体地位，让学生更清楚和客观地看待自己，包括自己的优点与劣势，只有正确地看待自己，学生才能真正调整自己的学习行为。另外，教师还可以发挥家长的评价力量，因为有些学习活动是在家庭里完成的，家长参与评价能激发学生学习的热情。

（二）全程评价

由于大单元教学的目标具有高阶性和多样化的特点，所以，整个教学过程的评价是个连续的实施过程，包括过程性评价和最终评价。"最终评价"上面已经做了详细解说，下面以"古代游记"的大单元学习为例，说明评价的实施过程。

统编版语文八年级上册第三单元选编的古代游记有《三峡》《与朱元思书》《答谢中书书》《记承天寺夜游》，八年级下册有《桃花源记》《小石潭记》，九年级上册有《岳阳楼记》《醉翁亭记》《湖心亭看雪》。将这些文章放在一起，构成"古代游记"大单元学习的内容。这个大单元教学的评价目标是：学生通过对比分析，总结游记在体现景物特点、文章结构、写景顺序、表达方式、修辞手法、句式特点、作者思想情感等方面的独特之处，能够仿照课内文章仿写游记。

最终表现任务是：旅游已经成为每个家庭的常态生活方式，无论是远途还是近处的户外活动，都让人融入自然，放松身心。随手拍下或者录制沿途的美景，还有旅伴们游乐的精彩瞬间，并将照片发至朋友圈，是人们喜闻乐见的事。本单元学习结束后，大家选择自己一次旅游过程中拍的照片或视频发至朋友圈，同时配发自己撰写的一篇用文言写的游记。

游记写作成果评价量规：

维度	描述	每点得 4~5分	每点得 2~3分	每点得 0~1分	评价主体		
					学生 自评	小组 互评	老师 评价
景物描写	景物特征鲜明，运用修辞手法，观察角度有变化，写景顺序合理恰当，写景方法多样	文章体现前面表格中的4~5点要求	文章体现其中2~3点要求	文章体现其中1点或没有体现			
文章结构	结构清晰，层次有条理	层次之间转化有根据，例如总分结构，或根据时间、地点的变化而转换等	层次之间转换不合理	层次混乱，缺乏必要的转换			
句式特点	骈散句结合	骈句在4句或以上，且基本符合对偶句式要求	骈句在2~3之间，且基本符合对偶句式要求	骈句在2句或以下，且有的句式不符合对偶要求			
思想感情	情景交融，托物言志，景、情、理交融	抒情或论理由景而生，贴切自然，能给人留下深刻印象	抒情或论理与景物之间有联系，但思想肤浅，不能给人启示	看不出作者的思想或感情倾向			

第一步：参照注解，正确、流利地朗读九篇文章。根据注解和其他资料，解释文中的实词和虚词，翻译九篇文章大意。（为了推进学习而

进行评价）

第二步：比较九篇文章在描写对象、景物特点、文章结构、写景顺序、修辞手法、句式特点、观察角度、写景方法、点题语句、思想感情等方面的不同点，填写下面表格。（为了推进学习和评定学习水平而进行评价）

篇目	《三峡》	《答谢中书书》	《与朱元思书》	《记承天寺夜游》	《桃花源记》	《小石潭记》	《岳阳楼记》	《醉翁亭记》	《湖心亭看雪》
描写对象									
景物特点									
文章结构									
写景顺序									
修辞手法									
句式特点									
观察角度									
写景方法									
点题语句									
思想感情									

第三步：给"古代游记"下定义，总结游记的特点。（为了推进学习和让学生学会评价而进行评价）

第四步：将自己旅游拍摄的风景照片或视频发至朋友圈，同时配发自己撰写的一篇用文言写的游记。（为了评定学习水平和让学生学会评价而进行评价）

四、结束语

评价在教学中扮演着重要的角色，它可以用来衡量学生的学习进展，为教师提供反馈，指导未来的教学活动，以及为学生提供激励和反馈。大单元教学的评价应该是一个有计划、全面和反馈及时的过程，有助于促进学生的学习和成长，同时也可以指导教师不断提高自己的教学质量。所以，致力于落实素养教育的广大教师要在评价环节上下功夫。

参考文献

［1］刘徽.大概念教学：素养导向的单元整体设计［M］.北京：教育科学出版社，2022.

［2］宋歌.国外科学教育中的表现性评价述评［J］.外国中小学教育，2017（06）：17-25.

［3］威金斯，麦克泰格.追求理解的教学设计：第2版［M］.闫寒冰，宋雪莲，赖平，译.上海：华东师范大学出版社，2017.

大单元教学中的子任务设计

因为评价任务的完成是存在一定难度的，学生不可能一次性完成，所以为了完成单元评价任务，就要将评价任务分解成若干"子任务"。

一、子任务的性质及作用

复杂的核心任务通常从多角度考查学生的综合知识和能力，往往是以"任务链"的形式出现。那么在这个任务链中的一个个小任务，就可以称为核心任务的"子任务"。

子任务是大单元教学中的重要组成部分，它将大单元的主题和目标进一步细化，形成一系列具有逻辑性和连贯性的小任务。这些子任务旨在帮助学生逐步掌握知识和技能，最终实现大单元的教学目标。核心任务与子任务共同构建起单元学习中的表现性任务链。子任务作为核心任务的支撑而存在，在一定程度上起到了"脚手架"的作用。子任务既对应单元知识与技能的评估、实现了阶段性的概念迁移，又协助完成核心任务。子任务循序渐进地帮助学生发现和理解单元大概念，有层次地建构知识体系和内化学习体验。

二、任务之间的关系

（一）子任务与单元核心任务的关系

单元核心任务是单元整体学习的核心，具有包容性和系统性，统领所有的小任务。小任务从属于大任务，具有针对性和连续性，共同构成学习任务群，将知识结构化，引导学生在解决问题的实践中提升能力、发展素养。

（二）子任务与子任务之间的关系

在大单元教学中，单元任务链由一系列具有层次性、逻辑性的小任务组成，这些小任务在主题、目标、内容、学习方式等方面相关联，共同指向单元核心任务。通向核心任务的子任务是单元整体教学的路径和"脚手架"。一般有两种逻辑关系：

1. 并列关系

子任务是核心任务的组成部分，是核心任务的一个阶段、一个步骤，或者一个方面，这几方面之间没有逻辑上的先后、主次之分，哪个步骤先完成并不影响核心任务的达成。例如，单元核心任务是：班里即将举行"故事大王"评选活动，评选上的同学要参加年级"讲好英雄故事"的活动。大家要努力争当"大王"，弘扬英雄精神！为了完成这个核心任务，设计三个子任务是：看图片，讲邱少云的故事；绘简笔，讲杨根思的故事；填表格，讲罗盛教的故事。这三个子任务就属于并列关系。

2. 递进关系

任务链中的每一项任务既是前一项任务的扩展，又是后一项任务的准备，通过循序渐进的方式落实每个小任务，最终完成大任务。例如，同样是选拔"故事大王"的活动，子任务依次是：梳理英雄的事迹；说说英雄的形象；分享我心中的英雄故事。这三个任务之间具有逻辑递进的关系，不能调换顺序。当然，也有的子任务看似并非核心任务的一部分，但目的是指向核心任务的完成。例如，章巍老师在他所著的《大概念教学15讲》一书中提到这样一个案例：

单元核心任务是：一年一度的学生代表大会即将召开，作为一名大会代表，你负责的是食堂窗口合理设置提案撰写工作。请你组织本组成员开展工作，运用所学的统计学知识和提案书写格式，最终形成一份有理有据、表述清晰、建议有效的提案。

为了帮助学生顺利完成这个核心任务，老师设置了三个子任务：

（1）请你为一篇文字报道配上适当的统计图或统计表。

（2）调查拉面窗口受欢迎的程度。

（3）选择一则新闻，对其中的数据及解读提出质疑，并提出改进方案。

这三个子任务看起来与核心任务关联不大，但却指向了解决核心问题的关键。提案要顺利通过的有力材料是数据。所以，如何把数据用统计图表呈现出来，就成为优秀提案的一个重要标准。这也是设置第一个子任务的原因。从对单一食物、单一窗口的调查中获得的策略与方法，会成为进行核心任务调查时的重要经验，这些需要通过完成第二个子任务来逐步体会和总结。若要提案无懈可击，就要经得起大会代表的质疑，这就要求学生提前转换角色，学会寻找自己提案的不足。这就是第三个子任务的设计意图。

综上所述，子任务之间无论是何种关系，都是顺利完成核心任务的"脚手架"。子任务与核心任务一起，共同组成大单元的有效结构。

三、子任务的表现形式

（一）表述方式

子任务名称一般采用"动词+名词或词组"的形式进行编写。如召开《西游记》故事会，绘制《西游记》的手抄报，等等。也可以采用"主语+谓语或动宾短语"的形式。如我来说说我家人，我介绍名著给你读，等等。当然，也可以直接说明任务的内容、操作。

如果是了解任务环节（相当于以前的导入环节），教师就简要介绍任务名称、内容和要求。例如，交代单元任务：学校将要举办《大话西游》课本剧展演，每个班要表演《西游记》的一个桥段，我们班表演《三打白骨精》。大家想想我们要做哪些准备呢。

如果是开展探究活动，教师就简要介绍学生需要做的事情和要求，使学生所做的任务操作性要强、可测量。例如，小组讨论方案：表演《三打白骨精》需要几名演员？演员的台词和动作以及布景、道具如何设计？每组讨论过后提交一份纸质的表格形式的讨论结果汇报。

如果是交流分享，教师就简要介绍学生如何做及要求。例如，分享讨论结果：各小组派一名代表到讲台前汇报小组的讨论结果。每个小组都要对其他小组的意见进行评价，提出自己的观点或建议，每个汇报的小组都要对其他小组提出的观点和建议给予回应，并修改完善。

如果还有其他的环节，编写形式与上面例举的三个方式类似。

（二）结构方式

子任务之所以又被称为"任务链""单元链"，是因为单元学习目标和相应的大概念不止一个，也不止一个层面，不同的目标和大概念之间具有不同层级的逻辑关系，所以相应的子任务之间也存在链式的层级关系。例如，统编版八年级上册第三单元的课文包括《三峡》《答谢中书书》《记承天寺夜游》《与朱元思书》《古诗五首》，我们设计了下面这样一个单元任务链，很显然，左侧的是一级单元链，右侧的是在一级单元链基础上继续设计了二级单元链。

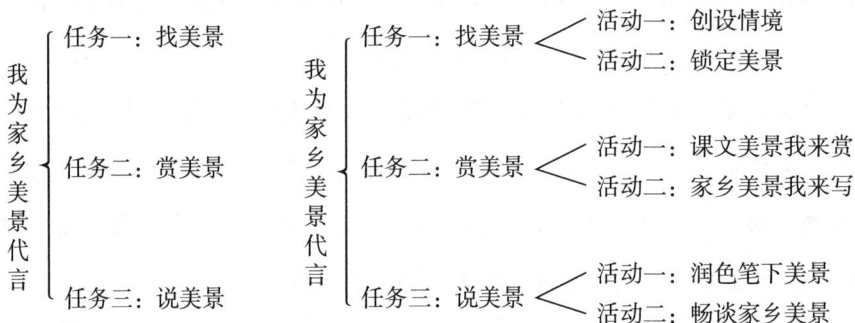

我为家乡美景代言

任务一：找美景

任务二：赏美景

任务三：说美景

我为家乡美景代言

任务一：找美景 —— 活动一：创设情境／活动二：锁定美景

任务二：赏美景 —— 活动一：课文美景我来赏／活动二：家乡美景我来写

任务三：说美景 —— 活动一：润色笔下美景／活动二：畅谈家乡美景

四、子任务的设计方法

下面以统编版初中语文教材中的人物传记类文章为例，对子任务的设计方法进行解说。初中六册语文教材中的人物传记类文章有如下几篇：《邓稼先》（七年级下册第一单元）《伟大的悲剧》（七年级下册第六单元）《太空一日》（七年级下册第六单元）《列夫·托尔斯泰》（八年级上册第二单元）《美丽的颜色》（八年级上册第二单元）。

（一）分解大任务

将大单元的主题和目标细化为若干个子任务，确保每个子任务都能覆盖到核心要求。例如：

上面几篇文章同属于"人物传记"，其中的《太空一日》属于自传。将这几篇传记文章组织在一个单元，单元主题为"向优秀人物致敬，为身边先进立传"。单元的核心素养目标为：通过学习名人的奋斗历程和成长经历，学生能够树立起积极向上、学习优秀人物的优秀品质的观念；通过对几篇文章的阅读、比较，学生将了解传记文章的内容、基本写法，能够分析几篇文章的布局结构，由此形成一定的逻辑思维能力，能够欣赏文章的语言风格和独特意蕴；能够运用所学到的有关人物传记的知识，迁移运用到自己的文章中去，为身边比较优秀的人物（包括自己）写一篇小传。

根据以上所确立的单元主题和目标，我们设计的单元核心任务是：郁达夫说过："一个没有英雄的民族是不幸的，一个有英雄却不知敬重爱惜的民族是不可救药的。"世界各民族都有自己的英雄，是这些人的精神照亮了全世界人民的内心。事实上，我们身边也有先进人物，有老师，也有同学，当然也包括你。我们要将优秀人物写成文章，让更多的人知道他们、学习他们、弘扬他们的精神，这种文章就是传记。两周过后，我们年级要举办"讲述身边优秀人物故事"的活动，希望同学们认真观察这些人物的一言一行，用心感受这些人物的精神气质，用我们的笔为他们画像，用我们的口传扬他们的事迹。

为了圆满完成上面的核心任务，设计的子任务如下：

子任务一：寻找优秀人物

子任务二：发现作传密码

子任务三：写作人物传记

子任务四：展示人物风采

（二）确定任务顺序

根据知识的逻辑关系和学生的认知规律，合理安排子任务的顺序。例如：

上面的四个子任务，是按照人认识事物的逻辑顺序安排的。学生要为身边人树碑立传，就先要确定这个人物，然后根据自己平时对这个人物的了解和接下来的留心观察，形成对这个人物"优秀"的认知。这是接下来写文章的物质基础。"人物传记"与"写人的记叙文"以及"小说"有哪些严格的区别？好的传记作品是怎么形成的？这些是学生迫切要了解的内容，所以，学生要通过阅读几篇课内的传记文章总结写作规律。在了解了人物优点，懂得了传记在选材、结构、语言、写法等几方面的特点基础上，学生可以尝试写作、修改自己的传记作文了。之后也就能顺利举行核心任务中确立的"讲述身边优秀人物故事"的活动。这几个子任务的关系是前面所介绍的递进关系，共同指向单元目标和核心任务，为核心任务的达成起到各自的作用。

（三）设计任务内容

每个子任务应包含明确的学习目标、学习内容、学习方法和学习评价。例如，单元核心任务和子任务设计如下：

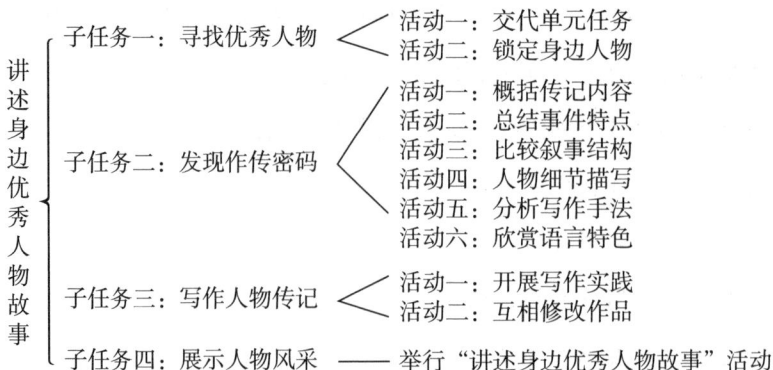

讲述身边优秀人物故事

子任务一：寻找优秀人物
　　活动一：交代单元任务
　　活动二：锁定身边人物

子任务二：发现作传密码
　　活动一：概括传记内容
　　活动二：总结事件特点
　　活动三：比较叙事结构
　　活动四：人物细节描写
　　活动五：分析写作手法
　　活动六：欣赏语言特色

子任务三：写作人物传记
　　活动一：开展写作实践
　　活动二：互相修改作品

子任务四：展示人物风采 —— 举行"讲述身边优秀人物故事"活动

以最重要的第二个子任务为例加以说明。人物传记与写人的记叙文、小说、回忆性散文等文体有很多相近之处，例如塑造人物时抓住细节，运用环境描写、侧面烘托、对比、衬托等手法突出人物特征，等等。但人物传记与其他写人为主的文体不同之处在于，传记要写真人真事，不得虚构和夸大。另外，传主一般具有时代性，具有超出同时代人的精神风貌。再有，传记有记传和评传之分，教材中所选的文章基本都是记传，但其中也有很多作者直接和间接评议的语言，这也是传记有别于其他文体的地方。

在几篇文章的比较阅读中，教师要引导学生发现：

（1）传记的内容涉及人物的籍贯、生平、年龄、家庭等，当然，这些内容一定要对突出人物形象起到作用。比如补充的材料《老舍自传》介绍了自己的外貌、性格、家庭成员、爱好、主要经历等，这些都突出了老舍先生幽默的文风和乐观的处世之风。学生首次接触这些内容，教师要提醒学生恰当地使用以上内容。

（2）传记的事件，一定要选择突出人物内在精神的典型事件。比如《邓稼先》一文主要突出邓稼先为了国家牺牲名利乃至性命的光辉形象，为此，作者选取了邓稼先隐姓埋名造"两弹"的时代背景、邓稼先与奥本海默的截然不同、邓稼先求证信息的严谨务实、邓稼先当年唱过的歌曲以及邓稼先夫人对他的评价，这些内容紧紧围绕中心，突出的都是邓稼先舍生忘死、一心为国的国士形象，对与这个中心无关的事情一概不写。学生容易不分主次选择材料，所以教师要引导他们在反复比较中选择典型事件。

（3）传记的叙事方法多样。《太空一日》和《伟大的悲剧》都按照时间顺序叙述事件，《邓稼先》采用时间交错、材料并行的方式叙述，

《列夫·托尔斯泰》分为两部分，前半部分全部是外貌描写，后半部分全是作者的评价，这些叙述方式学生可以选择性借鉴。

（4）传记的方法主要采用细节描写突出人物。例如，《列夫·托尔斯泰》中前半部分对人物外貌大篇幅的描绘，可谓精雕细刻，竭尽夸饰之能事；《伟大的悲剧》中大量引用人物生前的语言和日记内容；《美丽的颜色》多处引用居里夫人自己的话；《伟大的悲剧》和《太空一日》大量描写人物的心理活动。这些都容易使人相信事件的真实性，并大大增强了文章的感染力。同时，几篇文章大多运用了对比、烘托、反衬等写作手法，像《邓稼先》中将邓稼先与奥本海默进行对比，突出了邓稼先作为典型的中国人的宽厚、包容、隐忍的美德，《伟大的悲剧》中英国国王下跪的行为衬托了探路者们遭遇之悲壮和精神之伟大，《美丽的颜色》中多次对实验室兼工作室的简陋环境的描写烘托了居里夫妇不计名利、献身科学的感人形象，《列夫·托尔斯泰》中先抑后扬的手法突出了托尔斯泰外表其貌不扬、内心却无比丰富的形象，等等。这些细节和写法的运用，都对人物形象的刻画起到了至关重要的作用。学生对这些写人的方法并不陌生，可以用点评法或者批注法加深理解。

（5）传记的语言：几篇文章中都有作者对传主的评价，这些评价精当且饱含深情，这是学生特别要模仿的内容。另外，不同的文章，语言的风格各有不同。《美丽的颜色》的题目，具有一语三关的内涵美。第一是指镭的颜色之美，第二是说居里夫人在艰苦环境中的坚守的人格美，第三是居里夫人忘我地工作，揭开镭的真相，这是居里夫人求真的科学美。这篇文章的标题体现了文章语言含蓄隽永的特点。《邓稼先》一文的语言具有宏阔恢弘的气势，这源于作者将历史眼光和现实看法交织、民族情怀和国际视野交织、个人情感和家国情怀交织，读来令人荡气回肠。《伟大的悲剧》的语言具有文学的美和历史厚重感。《列夫·托尔斯泰》中大量的比喻、夸张的使用，显得语言幽默、诙谐，其中对托尔斯泰长篇的评价性语言又给人以庄重感。语言风格的差异对七年级学生而言是学习难点，所以教师要例举典型的语句引导学生品味、感受、总结。

以上是几篇传记文章的特点，也是单元学习的重点内容，更是完成单元核心任务的重要支架。学生可以采用朗读、比较阅读、赏析品读等阅读方法，再加上同伴合作、自学与探究结合等学习方法，理解并掌握传记的特点，为接下来的写作和讲述活动打下基础。

（四）整合教学资源

教师要充分利用教材、网络资源、实践活动等多种教学资源，丰富子任务的内容和形式。这个单元可以补充很多资料，例如徐迟的《地质之光》，茨威格的《人类群星闪耀时》，罗曼·罗兰的《巨人三传》，林语堂的《苏东坡传》，张宏杰的《曾国藩传》等，都可以推荐学生进行课外阅读。

参考文献

［1］章巍.大概念教学15讲［M］.北京：中国人民大学出版社，2023.

大单元教学中的反思元素设计

老师和学生在教与学的全过程中都离不开反思，教师要通过反思调整和改进教学策略，学生要通过反思调节自己的认知。

一、反思的概念

布卢姆把知识分为事实性知识、概念性知识、程序性知识和元认知知识四类。元认知就是"对认知的认知"，是"对反思的反思"，也就是"思考你的思考"或"观察你的观察"。具体来说，是一个人对自己认知过程的知识和调节这些过程的能力，是对思维和学习活动的知识和控制。它包括两个主要方面：一是元认知知识，即个体对自己的认识能力、认知策略以及学习任务的认识；二是元认知监控，即个体在认知过程中对自己的认知活动进行计划、监控、评价和调节的能力。

二、大单元学习中学生反思的意义

（一）反思环节深化知识理解

例如，统编版八年级上册第六单元包含了《〈孟子〉三章》《愚公移山》《周亚夫军细柳》等经典文言文篇目，以及《饮酒》《春望》等古诗词。通过反思，学生可以系统地回顾这些篇目的学习过程，从文言文的词汇、句式理解，到诗词的意境、情感把握，再到对作者思想感情的体会，逐步梳理出知识点之间的联系。例如，学生可以思考《〈孟子〉三章》中的"富贵不能淫，贫贱不能移，威武不能屈"与《愚公移山》中愚公坚韧不拔的精神有何内在联系，从而构建起一个更为系统、完整的知识体系。这种自我梳理的过程，不仅加深了学生对文言文和古诗词的理解，还使这些知识点更加牢固地扎根于他们的脑海中。

（二）反思环节培养批判性思维和自我评估能力

在反思过程中，学生需要对自己的学习成果进行客观评价。例如，他们可以思考自己在阅读《周亚夫军细柳》时，是否准确理解了周亚夫治军严明、令行禁止的形象；在鉴赏《饮酒》时，是否深刻体会到了陶渊明悠然自得的心境。通过自我审视，学生可以发现自己在学习中的不足之处，如对某些文言词汇的理解不够准确，或是对诗词意境的把握不够深入。这种自我评估的过程，有助于他们形成独立思考的习惯，提升解决问题的能力。同时，学生还可以思考如何改进学习方法，如通过多读多背来增强文言文的语感，或是通过仿写来提升自己的诗词创作能力。

（三）反思环节是教师调整教学策略的重要依据

通过收集学生的反思反馈，教师可以了解学生在学习过程中遇到的困难和问题。例如，如果学生在反思中提到对《愚公移山》中愚公精神的领悟不够深刻，教师可以有针对性地设计一些讨论活动或情境模拟，帮助学生更好地理解愚公精神的内涵。如果学生在反思中反映文言文的阅读速度和理解能力有待提高，教师可以增加一些文言文阅读训练，并教授一些有效的阅读技巧。这样，教师可以根据学生的学习需求，灵活地调整教学方法和手段，以提高教学效果。

（四）反思环节培养终身学习意识

通过不断的反思和总结，学生可以逐渐认识到学习是一个持续不断的过程。在统编版八年级上册第六单元的学习中，学生可能会发现自己对文言文的掌握还不够熟练，对古诗词的鉴赏能力还有待提高。这种认识将激励他们继续努力学习，不断提升自己的语文水平。同时，学生也会逐渐学会如何有效地进行反思和总结，这将为他们未来的学习和生活奠定坚实的基础。例如，在未来的学习中，学生可以利用反思环节来回顾自己的学习进度和成果，及时调整学习策略；在未来的生活和工作中，他们也可以运用反思思维来审视自己的行为和决策，不断优化自己的生活方式和工作方法。

三、大单元学习中学生反思的主要策略

（一）建立"问题库"

提问是很好的反思方法，在思考和回答问题的过程中，学生对大单元的大概念、学习目标、学习内容等会慢慢建立起整体的认知，形成大单元学习的结构化知识、结构化思维、结构化学习进程。问题库里的问

题可以是老师提出的，也可以是学生提出的。例如，针对统编版八年级上册第六单元可以提出的问题有：

《〈孟子〉三章》中的《富贵不能淫》主要讲述了什么道理？这对现代社会有何启示？《愚公移山》中，愚公为什么决定移山？他的行为体现了哪些精神品质？《周亚夫军细柳》中，周亚夫和汉文帝的形象分别是怎样的？通过哪些细节可以看出来？在《饮酒》这首诗中，陶渊明描绘了一种怎样的生活状态？这种生活状态与他的人生态度有何关系？《春望》一诗中，杜甫是如何通过景物描写表达他的情感的？这种手法在古诗词中常见吗？《雁门太守行》中的"黑云压城城欲摧"一句，营造了怎样的氛围？对全诗的主题有何作用？《赤壁》这首诗中，杜牧对赤壁之战的历史事件有何独到的见解？这反映了他的什么历史观？在文言文阅读中，如何有效地理解和翻译古代汉语的词汇和句式？有哪些技巧和方法？本单元的古代诗词中，有哪些常用的修辞手法？你能在诗词中找出并解释这些修辞手法的运用吗？通过学习本单元的古代经典名篇，你对中华传统文化有了哪些新的认识和理解？这些认识和理解如何影响你的价值观和人生观？

这些问题旨在引导学生从不同角度深入思考和探索本单元的学习内容，包括文本理解、人物形象分析、修辞手法鉴赏、文言文阅读技巧等方面。通过回答这些问题，学生可以更好地掌握本单元的知识和技能，同时提升他们的文学素养和批判性思维能力。

（二）画思维导图

画思维导图是学生反思的主要方法。学生通过归纳与总结，梳理出学习本单元的收获、以前学过的知识和这个单元的内容的联系与交集、学习中的疑惑、如何运用所学解决实际问题等内容。通过课堂小组交流或学生板演，教师和学生共同呈现各种思维导图，分享各自的观点。这是一种集体性的反思，可以促进学生的自我反思，也可以让每个学生看到自己与同伴观点的异同，从而加深了学生对学习内容的理解。例如，第六单元的五篇文言文可以引导学生画出这样的思维导图：

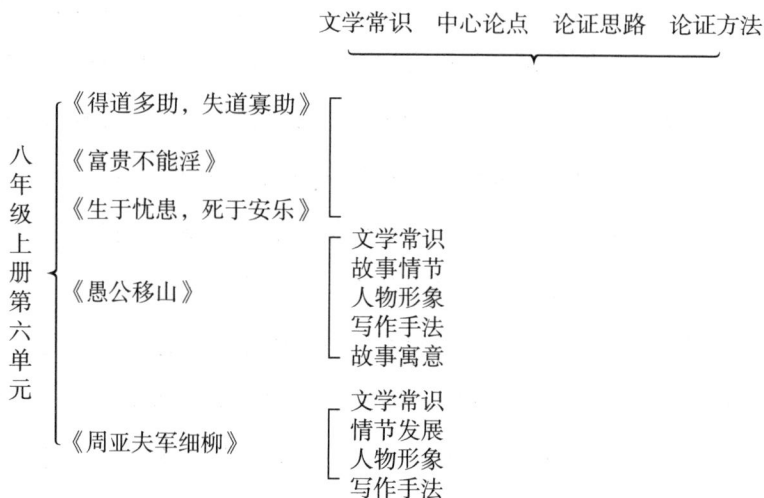

文学常识　中心论点　论证思路　论证方法

八年级上册第六单元

《得道多助，失道寡助》

《富贵不能淫》

《生于忧患，死于安乐》

《愚公移山》　　文学常识
　　　　　　　　故事情节
　　　　　　　　人物形象
　　　　　　　　写作手法
　　　　　　　　故事寓意

《周亚夫军细柳》　文学常识
　　　　　　　　　情节发展
　　　　　　　　　人物形象
　　　　　　　　　写作手法

（三）前后对比

在大单元学习开展之前和之后让学生思考同样的问题，通过对比，学生可以了解自己的学习收获和欠缺之处，并思考如何改进和提高自己的不足。例如，学生可以这样进行反思：

时间	对几篇文言文的意思理解到什么程度？	对五篇文言文在思路、观点、形象、事件、寓意等方面，我了解了哪些？	如何对掌握不牢固的地方加强理解？
第一周			
第二周			

四、大单元教学中教师反思的意义

通过反思，教师不仅能评估教学效果，发现问题，还能据此优化教学策略，从而不断提升教学质量，更好地服务于学生的学习和发展。

（一）评估教学效果

通过反思，教师可以了解学生对大单元知识点的掌握情况，以及教学目标的达成度。

知识点掌握评估：在结束第六单元的教学后，教师可以通过作业、测验、小组讨论或口头提问等方式，检查学生对古诗文背诵、现代文分析技巧、作文结构布局等知识点的掌握程度。例如，教师通过让学生分析一首未学过的古诗，考查他们运用课上所学的方法鉴赏古诗的能力。

教学目标达成度：反思时，教师需回顾单元开始时设定的教学目标，如培养学生独立阅读和理解文章的能力、提高文学欣赏水平等，并对照学生的实际表现评估达成情况。教师可以通过学生作品展示、课堂互动表现及问卷反馈来综合判断。

（二）发现教学问题

反思过程中，教师可以识别出教学过程中存在的问题，如教学方法不当、学生参与度低等。

教学方法不当：教师发现某些理论讲解过于抽象，导致学生难以理解；或是采用的小组合作学习模式，在某些班级中并未有效激发学生的讨论热情。例如，教师在讲解古诗背景时，如果仅仅依赖文字描述，可能不如结合多媒体资料更能引起学生的兴趣。

学生参与度低：通过观察课堂，教师可能会注意到部分学生在特定教学环节（如文言文翻译、深度阅读理解）中显得被动或缺乏兴趣，这可能是因为内容难度过高、活动设计不够吸引人，或是学生基础差导致的。

（三）优化教学策略

基于反思的结果，教师可以调整教学策略，以更好地适应学生的需求和特点。

调整教学内容与方法：针对知识点掌握不牢固的学生，教师可以设计更多层次的练习，如分层作业，确保每位学生都能在适合自己的难度上得到提升。对于教学方法不当，可以考虑引入更多互动性和实践性强的活动，如角色扮演、模拟辩论等，使学习更加生动有趣。

提升学生参与度：为了提高学生的课堂参与度，教师可以尝试利用分组合作的学习方式并引入竞争机制，让每个学生都有机会发言和展示；同时，根据学生的学习风格丰富教学资源，如使用视频、音频等多媒体辅助教学，增强吸引力。此外，教师要定期收集学生的反馈，了解他们的学习需求和兴趣点，也是优化教学策略的重要途径。

五、教师教学反思的内容

（一）教学目标反思

1. 目标设定

反思教学目标是否明确、具体、可衡量，是否与学生的实际需求和学科核心素养相匹配。

2. 目标达成

评估教学目标的达成情况，分析哪些目标已达成，哪些目标尚未达成，并找出原因。

（二）教学内容反思

1. 内容选择

反思教学内容是否紧扣大单元主题，是否涵盖了所有关键知识点，且内容是否具有逻辑性、连贯性。

2. 内容难度

评估教学内容的难度是否适中，是否符合学生的认知水平和能力发展。

（三）教学方法反思

1. 方法运用

反思教学方法是否多样、灵活，是否能够有效激发学生的学习兴趣和参与度。

2. 方法效果

评估教学方法的实际效果，分析哪些方法有效，哪些方法需要改进或替换。

（四）教学评价反思

1. 评价方式

反思教学评价方式是否全面、客观，是否能够真实反映学生的学习情况。

2. 评价结果

分析评价结果，了解学生的学习进步之处和存在的问题，为后续教学提供依据。

（五）学生参与度反思

1. 参与度评估

反思学生在课堂上的参与度，包括提问、讨论、练习等环节的参与情况。

2. 参与度提升

思考如何提高学生的参与度，如设计更具吸引力的教学活动、增加学生之间的互动等。

六、教师教学反思的具体实践

（一）撰写教学反思日志

1. 记录教学过程中的亮点

例如，在教授统编版八年级上册第六单元时，教师采用了情境教学法，通过模拟古代文人雅集的场景，让学生扮演不同的角色，如诗人、画家、书法家等，进行诗词创作和鉴赏。这一教学方法极大地激发了学生的学习兴趣，课堂氛围活跃，学生参与度高，成为本次教学的一大亮点。

2. 记录教学过程中的不足

例如，尽管情境教学取得了不错的效果，但在实施过程中也暴露出一些问题。部分学生在角色扮演时显得较为拘谨，无法完全融入角色；由于时间限制，部分学生的作品未能得到充分展示和点评，这在一定程度上影响了他们的学习积极性和成就感。

3. 记录学生的反馈和表现

例如，学生在课后反馈中普遍表示，这种教学方式新颖有趣，让他们对古诗词有了更深的理解和感受。同时，他们也提出了一些建议，如希望增加更多的互动环节，让每个人都有机会展示自己的作品，以及希望老师能提供更多的背景知识和诗词解读，帮助他们更好地理解诗词的内涵。

（二）定期回顾和整理教学反思日志

在教学完成后，教师需定期回顾和整理之前的教学反思日志。以统编版八年级上册第六单元为例，教师可以总结出以下几点教学经验：

情境教学法能够激发学生的学习兴趣，但需要注意控制课堂节奏，确保每个学生都能参与其中。

在教学过程中，应关注学生的个体差异，给予他们更多的展示机会和个性化指导。

教师应不断学习和更新自己的知识储备，以更好地满足学生的学习需求。

通过提炼这些教学智慧，教师可以为自己的后续教学提供有益的参考。

（三）调整和优化教学策略

根据教学反思和专家建议，教师要自己的教学策略进行调整和优化，例如：

在情境教学中，教师增加了更多的互动环节和个性化指导，确保每个学生都能积极参与并展示自己的作品。

教师加强了课堂管理，通过制定明确的规则和流程，确保课堂秩序井然有序。

教师深入研究了教材和学生需求，对教学内容进行了适当地调整和补充，以更好地满足学生的学习需求。

（四）将调整后的教学策略应用于后续教学中

例如，在后续的教学中，教师将调整后的教学策略应用于实践中，并持续进行反思和改进。通过不断的尝试和调整，教师发现学生的学习效果有了明显的提升，课堂氛围也更加活跃和谐。这进一步证明了教学反思和调整是有效的，也为今后的教学提供了更多的信心和动力。

综上所述，撰写教学反思日志、开展教学研讨活动、优化教学策略等做法，对于提升教学质量和促进学生发展具有重要意义。教师需继续坚持这些做法，不断完善自己的教学方法和策略，为学生的成长和发展贡献更多的智慧和力量。

参考文献

［1］狄绍夫.元认知：改变大脑的顽固思维［M］.陈舒，译.北京：机械工业出版社，2021.

［2］佐藤学.教师的挑战：宁静的课堂革命［M］.钟启泉，陈静静，译.上海：华东师范大学出版社，2012.

［3］刘徽.大概念教学：素养导向的单元整体设计［M］.北京：教育科学出版社，2022.

例谈大单元教学设计案例撰写的基本框架

教师应该按照怎样的逻辑撰写大单元教学设计或者实施大单元教学？大单元教学应遵循自己的基本模型。

"深度教学"是基于价值引领、真实情境、高质量问题以及学科内和学科间的整合的教学。《课程标准》以培养学生的核心素养为课程总目标，"深度教学"无疑是保障核心素养教育落地的最佳教学途径之一。广大教师需要学习深度教学的策略，进而在课堂教学中加以实施。熟悉深度教学设计案例撰写的基本框架是教师首要学习的重点。下面介绍几种颇有影响力的深度教学设计的模板并加以评价。

一、理解为先的单元教学设计

美国学者格兰特·威金斯和杰伊·麦克泰格在他们的著作《追求理解的教学设计》一书里阐述了"逆向设计"的原理，就是指我们的课堂、单元和课程在逻辑上应该从想要达到的学习结果导出，而不是从我

们所擅长的教法、教材和活动导出。也就是以终为始，从学习结果开始
的逆向思考。作者通过课堂设计实例，介绍了"UbD逆向学习"的设计
框架，如下图所示：

单元封面

单元题目： _____ 年级： _____
学科/主题领域： _____
关键词： _____
设计者： _____ 课时： _____
学区： _____ 学校： _____

单元简介（包括课程内容和单元目标）：

单元设计进展：□已完成模板（阶段1、2、3）
□已完成各表现任务的蓝图　　　　　□已完成量规
□对学生和老师的指导　　　　　　　□列出的工具和资源
□调整建议　　　　　　　　　　　　□扩展建议
状态：○初稿（日期： _____ ）　　○修订稿（日期： _____ ）
○同行评审　　○内容修订　　○实地测验　　○验证　　○定稿

阶段1——明确预期学习结果

参照目标：

（明确一个或多个设计目标）

预期的理解有哪些？

学生将理解……
（基于可迁移的核心观点，明确需要持续理解的内容）

需要考虑的基本问题有哪些？

（设定基本问题，以指导学生探究，并使教学聚焦于揭示内容背后的重要观点）

学生在本单元学习中应该掌握的关键知识和技能是什么？

学生将会知道……　　　　　　　　学生将能够……
（确定希望学生知道或学生能够做到的知识和技能）

阶段2——确定恰当评估证据

参照目标：

表现任务（以GRASPS形式总结）：

其他证据（测验、测试、提示、观察、对话、任务样例）：

学生的自我评估和反思：

表现任务蓝图

通过任务，我们需要对哪些理解或目标进行评估？

在忽略任务细节的情况下，在内容标准和理解中应该隐含哪些准则？
学生达到怎么样的任务完成质量才能证明达到了标准？

学生将通过什么真实性表现任务来证明理解？

学生的哪些产品和表现将提供达到预期理解的证据？

通过哪些标准来评估学生的作品和表现？

阶段3——设计学习体验和教学

考虑WHERETO因素

续 表

阶段3——设计学习体验和教学				

考虑WHERETO因素

星期一	星期二	星期三	星期四	星期五
1	2	3	4	5
6	7	8	9	10

很显然，格兰特·威金斯和杰伊·麦克泰格颠覆了以灌输为主的传统教学方式，而是强调教师在思考如何开展教学活动之前，先要努力思考此类学习要达到的目的到底是什么，以及哪些证据能够表明学习达到了目的。这种教学设计需要习惯了传统教学的教师挑战自我，首先关注预期学习结果，这样才有可能产生适合的教学行为，这种"逆向设计"的教学对核心素养的培养来说无疑是正确的方式。但是，在看到上文的"UbD逆向学习"的设计框架，很多教师的第一反应一定是疑惑，第二反应是难学。教师为什么会有如此反应？

一是国外著作的表述方式与中国的语言习惯有距离，再加上翻译过程的复杂性，导致中国读者在读国外的著作时，虽然能理解，但按照外国的语言形式翻译后的表述令中国读者感到有些别扭。比如，格兰特·威金斯和杰伊·麦克泰格等人将教学设计中的"学习目标"表述为"预期结果"，再进一步分解表述为"学生将会知道""学生将能够知道"。将"过程性评价"和"总结性评价"表述为"评估证据"，再进一步分解表述为"表现性任务""其他证据""学生的自我评价和反思"。这些中外研究内容相同却有不同表述的现象给中国的教师带来理解和撰写案例的困惑。二是因为设计模板对设计的内容分化过于繁琐，因而导致撰写教学设计会耗费教师大量的精力。笔者曾经按照上述模板写过教材中一个单元的教学设计，结果一篇设计写了一万多字。这个设计模板对于广大教师而言，虽提供了清晰的思路，但同时增加了大量的负担。

二、田慧生"四环节"模板

中国学者田慧生在《深度学习：走向核心素养》一书中，阐明了开展单元深度学习的四个环节：选择单元学习主题、确定单元学习目标、设计单元学习活动、开展持续性评价，这也是"深度学习的实践模型"的四个要素。如下图所示：

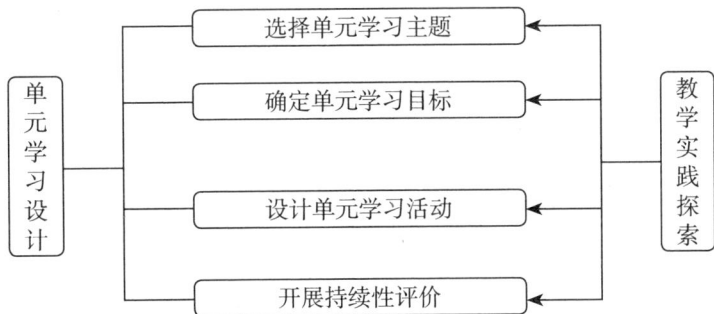

这个框架与格兰特·威金斯和杰伊·麦克泰格的模板比较起来，环节省俭了许多，撰写教学设计和课堂教学操作也简单许多。但是，这个模板漏掉了重要环节——评估证据，虽然最后环节是"持续性评价"，但仍然有明显的缺陷。深度教学与传统教学设计不同，传统教学是在目标设计好后直接考虑教学，而深度学习相反，是在教学活动开展之前先寻求能够被看作是成功学习的证据，具体说来就是确定教学目标之后，要先考虑"有什么证据能表明学生已经到了预期结果？""什么样的评估任务或证据能够指导我们的教学？""为了确定学生的理解程度，我们需要获得什么样的证据？"基于此，田慧生的设计框架还需要进一步完善。

三、徐洁的模板

徐洁在《基于大概念的教学设计优化》一书中，详细介绍了"基于大概念的单元整体学习设计基本框架"，如下图所示：

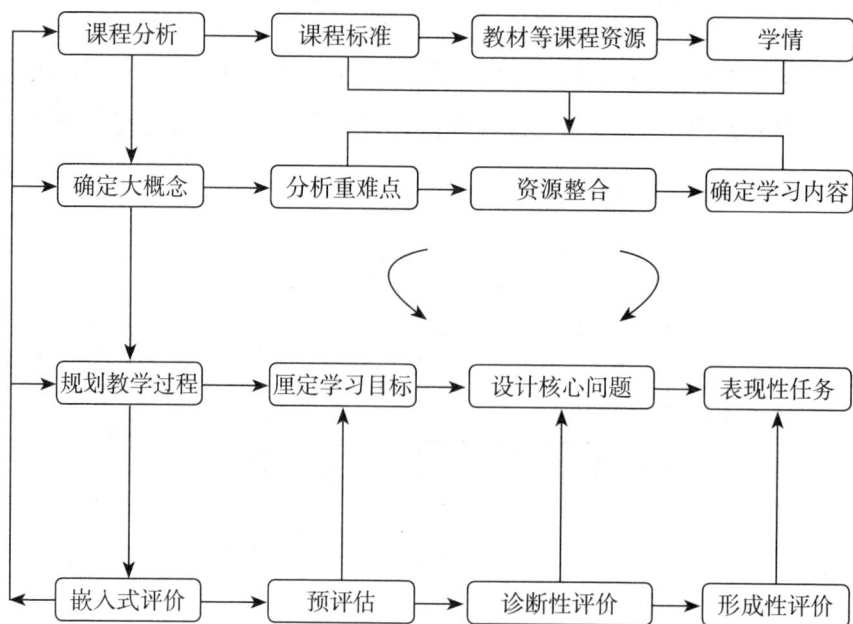

与田慧生的设计框架比较起来，徐洁的框架既非常翔实又过分简约。翔实是因为在每一个环节后面，还列出了具体的操作内容和方法，这就为教师的设计提供了支架，比田慧生的框架更令人容易理解。简约是因为缺少两个重要环节——确定单元学习目标和确立评估证据。徐洁似乎把"确定大概念"与"确定单元学习目标"混为一谈，因而省略了单元学习目标这个重要因素。但事实上，确定大概念是在教材分析之后，单元学习目标确立之前。而无论什么样的教学方法，确立教学目标都是必要的前提，因为目标是方向，没有明确目标的教学再精彩也会走弯路，甚至是南辕北辙。关于评估证据，徐洁将它放在了教学设计的最后环节，名为"嵌入式评价"，但这和田慧生一样，没有深刻理解在教学活动开展之前确定评估证据的重要意义。

四、崔允漷的模板

崔允漷在《单元学历案：让国家课程校本化、素养落地可视化》一文中，给出了大单元深度学习方案撰写的步骤和方法，具体地说，学期单元规划可以分为四步：一"看"、二"对"、三"定"、四"命"。如下图所示：

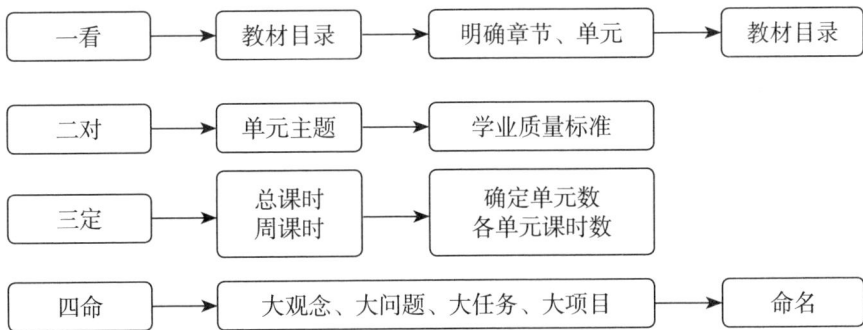

一看	→ 教材目录 → 明确章节、单元 → 教材目录
二对	→ 单元主题 → 学业质量标准
三定	→ 总课时 周课时 → 确定单元数 各单元课时数
四命	→ 大观念、大问题、大任务、大项目 → 命名

这个框架似乎着重于"单元主题""大观念""大问题""大任务""大项目"的确立，但对于学习目标、评估标准、教学活动、持续性评价等等一概忽略。虽然大主题、大任务对深度教学来说是发端，非常重要，但这个框架显然对深度教学的整个过程设计是有欠缺的。如果按照这个思路来设计深度学习，那就等于教学刚开了头就煞了尾。

鉴于以上对国内外几种主要的观点的分析，本着"兼容并蓄""取人之长为我所用"的原则，笔者提出以下深度教学设计的框架，提供给教师们借鉴、使用。如下图所示：

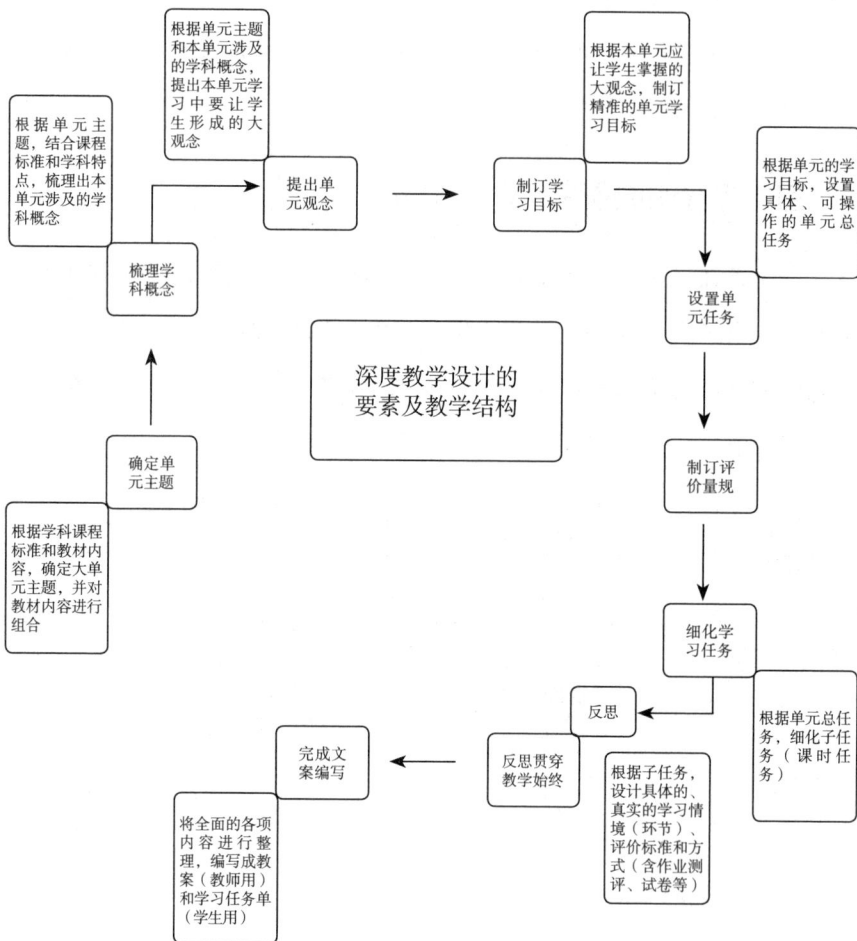

根据单元主题，结合课程标准和学科特点，梳理出本单元涉及的学科概念

根据单元主题和本单元涉及的学科概念，提出本单元学习中要让学生形成的大观念

梳理学科概念

提出单元观念

制订学习目标

根据本单元应让学生掌握的大观念，制订精准的单元学习目标

根据单元的学习目标，设置具体、可操作的单元总任务

设置单元任务

深度教学设计的要素及教学结构

确定单元主题

根据学科课程标准和教材内容，确定大单元主题，并对教材内容进行组合

制订评价量规

细化学习任务

根据单元总任务，细化任务（课时任务）

反思

反思贯穿教学始终

根据子任务，设计具体的、真实的学习情境（环节）、评价标准和方式（含作业测评、试卷等）

完成文案编写

将全面的各项内容进行整理，编写成教案（教师用）和学习任务单（学生用）

上述深度教学设计的框架，比起"UbD逆向设计"显然简洁得多，清晰得多，也符合汉语的表述方式。此框架比起田慧生等人的模板，环节完整，没有缺失，且符合"逆向设计"的基本流程。同时，每一个环节都做了简单的跟进解释，保证教师一看就懂，一学就会。

参考文献

[1] 威金斯, 麦克泰格. 追求理解的教学设计: 第2版 [M]. 闫寒冰, 宋雪莲, 赖平, 译. 上海: 华东师范大学出版社, 2017.

[2] 田慧生. 深度学习: 走向核心素养 [M]. 北京: 教育科学出版社, 2018.

[3] 徐洁. 基于大概念的教学设计优化 [M]. 上海: 华东师范大学出版社, 2021.

[4] 崔允漷. 义务教育课程方案解读 (2022年版) [M]. 北京: 北京师范大学出版社, 2022.

下 篇

大单元教学设计案例

统编版语文七年级下册第一单元整体设计

以教材自然单元为教学材料，大单元教学如何设计呢？下面是统编版语文七年级下册第一单元的整体设计，是以"人文主题"作为单元学习主题的案例。

一、单元学习主题

无情未必真豪杰

二、基本概念

传记性作品和回忆性散文中的抒情

三、主题分析

第一单元的文章有《邓稼先》《说和做——记闻一多先生言行片段》《回忆鲁迅先生（节选）》《孙权劝学》，其中，前两篇是教读课文，《回忆鲁迅先生（节选）》是自读课文，《孙权劝学》是文言文。本单元的写作主题是"写出人物的精神"。课外阅读文章有闻一多先生的《太阳吟》《死水》《静夜》等诗作，鲁迅先生的《死》，还要搜集并整理我国"两弹一星"科学家的资料。《邓稼先》属于人物传记，《说和做——记闻一多先生言行片段》《回忆鲁迅先生（节选）》均属于回忆性散文，《孙权劝学》也是写人记事的古典名著节选，这类文章的最大特点是"真"——真人，真事，真情。这里的"情"既有传主对人、事、物的情怀，也有作者对传主的情感，还有读者对传主和作者的情绪，还包括一些名人对邓稼先、闻一多、鲁迅、孙权等杰出人物的评价。所以，本单元的学习主题确定为"无情未必真豪杰"，基本概念确定为"传记性作品和回忆性散文中的抒情"，基本问题是"如何领会传记性文章中的情感？"

四、单元教学设计说明

（一）《课程标准》的要求

《课程标准》在核心素养发展价值上提出如下要求：

1. 文化自信

通过语文学习，热爱国家通用语言文字，热爱中华文化，继承和弘扬中华优秀传统文化、革命文化、社会主义先进文化。

2. 语言运用

通过主动的积累、梳理和整合，初步具有良好语感；能在具体语言情境中有效交流沟通；感受语言文字的丰富内涵。

3. 思维能力

在语文学习过程中有联想想象、分析比较、归纳判断等认知表现，有好奇心、求知欲，崇尚真知，勇于探索创新，养成积极思考的习惯。

4. 审美创造

通过感受、理解、欣赏、评价语言文字及作品，获得较为丰富的审美经验，具有初步的感受美、发现美和运用语言文字表现美、创造美的能力。

（二）《课程标准》各模块的要求如下

1. "阅读与鉴赏"标准

在通读课文的基础上，理清思路，理解、分析主要内容，体味和推敲重要词句在语言环境中的意义和作用。对课文的内容和表达有自己的心得，能提出自己的看法，并能与他人合作，共同探讨、分析、解决疑难问题。

2. "表达与交流"标准

自信、负责地表达自己的观点，做到清楚、连贯、不偏离话题。注意表情和语气，根据需要调整自己的表达内容和方式，不断提高应对能力，增强感染力和说服力。

写作时考虑不同的目的和对象。根据表达的需要，围绕表达中心，选择恰当的表达方式。合理安排内容的先后和详略，条理清楚地表达自己的意思。

3. "梳理与探究"要求

能提出学习和生活中感兴趣的问题，共同讨论，选出研究主题，制订简单的研究计划。能从书刊或其他媒体中获取有关资料，讨论分析问题，独立或合作写出简单的研究报告。

由以上对课标内容的摘录，得出本单元要落实的课标要求是：梳理本单元学到的体会人物情怀、作者情感、读者情绪、他人评价的方法，形成自己的观点，且能分享自己的学习成果，进而与伙伴达成一致的结论，当众展示讨论后的成果。同时，运用课内习得的体悟情感的方法，阅读传记文学作品，也能用自己总结的方法帮助别的学生阅读同类作品。

（三）教材单元学习双线

教材的单元提示中指出：

1. 本单元的人文主题：历史的星空，因有众多杰出人物而光辉灿烂。他们中有叱咤风云的政治家，有决胜千里的军事家，有博学睿智的科学家，还有为人类奉献宝贵精神食粮的文学艺术家………阅读本单元的课文，能让我们感受到他们的非凡气质，唤起我们对理想的憧憬与追求。

2. 本单元的语文要素：本单元学习精读，要在通览全篇、了解大意的基础上，把握关键语句或段落，字斟句酌，揣摩品味其含义和表达的妙处。还要注意结合人物生平及其所处时代，透过细节描写，把握人物特征，理解人物的思想感情。

所以，本单元学习的重点就是在了解杰出人物事迹的基础上，梳理文章复杂的写人记事的章法，迁移到自己的写作实践中去。

（四）学生基础情况

学生对于直接抒情、间接抒情、词语的表达效果、写作手法及其表达效果等知识都有一定了解，但运用这些知识理解、欣赏、评价文学作品时还没有主动建构的意识和方法，对于传记类文学作品和复杂的回忆类作品的品读还缺乏元认知认识。教学过程中，教师要引导学生在有感情地朗读的基础上，反复比较几篇文章在选材、布局、语言、刻画人物方法等方面归纳出普遍的规律。

五、单元大概念

传记和回忆性散文都属于叙事性文体，用于记述人物的生活经历、精神风貌及其历史背景。它遵循真实性原则，具有人物的时代性和代表性、选材的真实性和典型性、史实性与文学性的结合等特点，通过形象化的方法反映人物的典型事件和生活细节，同时融入作者的思想和情感。通过阅读和写作传记，我们可以更好地理解历史人物的思想和成就，以及他们对社会的影响。

六、单元学习目标

（1）阅读传记性文章和回忆性散文，能概括事件和事件所表现的人物品格，能对这些事件和品格说出自己的感受。

（2）比较几篇文章的写法，能举例说明传记作品抒情的普遍方法及特殊之处，并评价这些写法所起的作用，例如，能举例说明炼字、细节描写、事件选取、小标题、对比手法、直接抒情和议论等在表现人物精神、抒发作者感情等方面的表达效果。

（3）能对一些名人关于四位杰出人物的评价做出自己的判断。

（4）参照四篇文章，以《这样的人让我_____》为题，写一篇作文，写出人物的精神。

（5）积累文言词语，对文言文中的称谓能区分所指代的人物。

七、学习评价

（一）过程性评价

（1）对每个杰出人物至少能准确概括出三件事及其所对应的三种品

质。每件事的概括最好不超过10个字，每种人物品质用一两个形容词进行描述。

（2）画出作者直接抒情的语句，并用简洁的形容词概括出作者的情感；对于间接抒情，能举出至少两个词语、两个句子、两个段落的示例，并用简洁的语言分析作者隐含的感情。所作的分析经过组内或班内交流，能对自己的分析进行补充与修改。

（3）正确、流利、有感情地朗读感人的文字，写下自己感动的原因，根据这个原因为每位传主撰写一段"感动人物颁奖词"，每段颁奖词不少于50字。

（4）例举一些名人对四位人物的评价，并能简单分析这些评价是否准确，结合自己所了解的信息在组内做至少一分钟的发言。

（5）对文言文常见的实词和虚词，通过纸质测试能做出准确回答；对文言文中的称谓能说出指代的人物身份。

（6）能用写作量表指引、评价自己的作文，给作文打出合理的分值。

（7）能对照反思量表，反思自己在本单元学习过程中的得与失。

（二）终结性评价

（1）通过以上学习步骤，再反复阅读、比较、分析四篇文章，与组内同学不断交流、沟通，挖掘出传记文章在写法上的一些共同点，能说出这些写法在具体文章中是如何应用的，并能说出其表达效果；能够在比较阅读中发现文章的特殊之处，并说出其作用；在老师的指导下，对于文章写法及其作用能做补充、修订。

①画出思维导图，总结"体会传记性文章思想感情的方法"。

②根据思维导图制作PPT，在宣讲会上作为演示文稿。

（2）运用课内总结出来的阅读方法，围绕"传记文学和回忆性散文的抒情方式"的话题写出不少于800字的赏析文章。

八、单元整体教学思路、课时分配

（一）教学思路

布置单元任务—朗读课文—概括事件和人物形象—体会作者情感—表达个人情感—评价人物功绩—总结写作手法—迁移学习成果—积累文言知识—训练写作表达—反思学习得失。

（二）课时分配（共12课时）

朗读课文：1课时

概括事件和人物形象：2课时

体会作者情感、表达个人情感、评价人物功绩：2课时

总结写作手法：3课时

迁移学习成果：（阅读课外作品两个月）汇报1课时

积累文言知识：1课时

训练写作表达：1课时

反思学习得失：1课时

九、学习活动

（一）布置单元任务

本学期，语文组的老师们将组织七年级学生阅读一批传记性文学作品和回忆性散文，但很多同学并不知道如何开展这类作品的学习，学校决定在两周后的周五第二节课开展一次"传记文学作品阅读指南"汇报会，届时每班推选一名学生作为讲解员。作品要求以七年级下册第一单

元的课文为例，讲解员要给同学们指明传记性文章的阅读方法。

（二）朗读课文

以学习小组为单位，组长负责分工，指派成员轮流朗读《邓稼先》《说和做——记闻一多先生言行片段》《回忆鲁迅先生（节选）》，按照下面的标准进行朗读和评价：正确——错音不超过三处；流利——回读、跳读、重读不超过三处；有感情——听者能被吸引。边读、边听、边思考：这几位名人给你留下了怎样的印象？

自己先根据注释朗读《孙权劝学》，然后小组内互相听读，朗读和评价的标准是：读准字音和断句；读出人物说话的语气。边读、边听、边思考：孙权为什么劝学？他是怎么劝学的？劝学效果怎么样？

（三）概括事件和人物形象

反复默读课文，在书上做批注：将叙述邓稼先、闻一多、鲁迅、孙权四位杰出人物的事件用简洁的语言概括出来，同时判断每件事所体现的人物精神、情感、形象。组内交流自学成果，根据同学们和老师的建议修改自己的学习所得。

（四）体会作者情感

在文中画出直接表达作者情感的句子，低声地、深情地朗读给自己听，在书上做标记，看看这些句子表达了作者对传主怎样的情感；圈出你认为间接地表达作者情感的内容，低声地、深情地读给同桌听，在书上做标记，看看这些内容表达了作者对传主怎样的情感。

（五）表达个人情感

找出文中最能打动你的文字，动情地朗读给全组同学听，想一想这些文字为什么打动了你。在本子上给四位传主每人写一段"感动人物颁奖词"，小组内评出写得好的颁奖词，由本组字迹最工整、最漂亮的同学誊写在班级专题手抄报上面。每个小组的优秀领奖词最终构成一期以"致敬英雄"为主题的班级手抄报。

（六）评价人物功绩

课外阅读闻一多先生的《太阳吟》《死水》《静夜》等诗作，以及鲁迅先生的《死》，进一步了解闻一多和鲁迅的思想。还要搜集并整理我国"'两弹'一星"科学家的资料。通过网上查找资料，每个学生为每位传主找一句著名人物对他们评价的话，抄写下来。根据自己对四位传主的了解，评价这四句话是否公正地评价了四个人物。每组选派一名代表在班内发言。

（七）总结写作手法

默读四篇文章，思考"在人物塑造方面，作者用到了哪些方法？"，将思考的结论在书上做圈点、勾画、批注。将四篇文章所使用的表现手法作比较，找出相同点和不同点，画出本单元传记性文章抒情方法知识图谱，根据知识图谱总结出欣赏传记性文章的一般方法。

根据知识图谱制作PPT，组内先展示，每组推荐一名优秀讲解员面向全班同学展示，班级内评选出"最佳讲解员"。每班推荐一名选手参加年级举行的"传记文学作品阅读指南"汇报会，由语文老师和全体学生做评委，用投票方式评选出冠军，并邀请3～5名学生谈谈从冠军的讲解中得出的启示。

（八）迁移学习成果

自选阅读《名人传》《哥德巴赫猜想》《居里夫人传》《徐文长传》《苏东坡传》《邓小平时代》《别闹了，费曼先生》《人类群星闪耀时》等作品，能写出评价性的文章。对于能清晰阐释自己的观点，或者提出文学批评意见的文章在班级宣传栏内展评，同时在年级月刊上登载。

（九）积累文言知识

对于《孙权劝学》中的常见实词和虚词，能在具体的语言环境中准确释义；能用文中出现的"孤""卿""大兄"造句；积累文学常识。以上内容能在纸质测试中过关。

能将课文与《虞翻传》进行比较阅读，谈谈自己对孙权这个人物及《资治通鉴》写人记事特点的认识。

1. 解释下列加点或画线的词语

卿今当涂掌事

蒙辞以军中多务

孤岂欲卿治经为博士邪

但当涉猎

见往事耳

蒙乃始就学

及鲁肃过寻阳

即更刮目相待

2. 用现代汉语里的人称或称谓代替下列句子中加点或画线的人称代词，并用加点或画线的词语造句

卿今当涂掌事

孤岂欲卿治经为博士邪

大兄何见事之晚乎

3. 文学常识填空

《孙权劝学》选自《　　　　》，这是由（　　　　）（朝代）

的政治家、史学家（　　　　　）（人名）主持编纂的一部（　　　　　）体通史。主要以时间为纲、事件为目，记载了从（　　　　　）到（　　　　　）共1 362年间的史实。

4. 将《孙权劝学》与下面的《虞翻传》对比阅读，回答问题

权既为吴王，欢宴之末，自起行酒，翻伏地阳醉，不持。权去，翻起坐。权于是大怒，手剑欲击之，侍坐者莫不惶遽，惟大司农刘基起抱权谏曰："大王以三爵之后手杀善士，虽翻有罪，天下孰知之？且大王以能容贤畜众，故海内望风，今一朝弃之，可乎？"权曰："曹孟德尚杀孔文举，孤于虞翻何有哉！"基曰："孟德轻害士人，天下非之。大王躬行德义，欲与尧、舜比隆，何得自喻于彼乎？"翻由是得免。权因敕左右，自今酒后言杀，皆不得杀。

（1）同样是"劝"，孙权劝学与刘基劝酒的方式有何不同？

（2）综合两篇文章，举例概括孙权的人物形象特点。

（十）训练写作表达

参照写作量表，完成作文《这样的人让我_____》。写作完成后，能根据量表给自己的作文打分，小组内互换互评打分，然后根据自评和他评的意见修改自己的文章。每组推荐优秀范文由作者本人在班级宣读，全班学生再次根据量表进行打分，每个同学对照范文及评价再次修改自己的作文。

"写出人物的精神"写作量表：

标准	分值
书写干净、勾抹在三处以内、错字在三个以内	3分
有点题句，点出人物的精神	2分
事件与所要突出的人物的精神保持一致	2分

续 表

标准	分值
至少有三处人物的语言或者动作或者神态或者心理描写	2分
有两处或以上修辞手法	2分
有两处或以上直接抒情或议论	2分
用到一种写法，例如对比、反衬、景物烘托等	2分

（十一）反思学习得失

反思自己在本单元学习过程中的得与失，在知识获得、能力提升、学习态度、学习方法、思维发展等几方面分别进行对照，并说明今后学习过程中应该发扬之处。

角度	收获	遗憾	努力方向
知识获得			
能力提升			
学习态度			
学习方法			
思维发展			

十、教学反思与改进

（1）深度学习强调从"大概念""生活情境"出发设计学习活动。《课程标准》也强调："义务教育语文课程实施从学生语文生活实际出发，创设丰富多样的学习情境，设计富有挑战性的学习任务。"设置"传记文学作品阅读指南"汇报会这个情境，提出的基本问题是"如何领会传记性文章中的情感？"这样，用一个真实的语文活动情境和一个大的基本问题，领起了整个单元的学习，这激发了学生的好奇心、想象力、求知欲。从大问题出发，学生进入第一单元的学习，第一单元的知识能为最终解决大问题奠定基础。学生围绕"传记性作品和回忆性散文中的抒情"这个核心，建构知识，提升能力，发展思维，创新成果，建立元认知认识，达成课程标准目标、教材双线目标、单元学习目标。

（2）"概括事件和人物形象—体会作者情感—表达个人情感—评价人物功绩—总结写作手法—迁移学习成果—积累文言知识—训练写作表达—反思学习得失"，学习过程沿着理解、运用、分析、综合、评价、创新的认知路径从低到高、层级递进发展。学生在概括、运用、比较、分析、归纳、判断、创造过程中，思维的敏捷性、灵活性、深刻性、独创性、批判性得到发展。在表达、梳理、表演、演示过程中，语文核心素养得到培养和提升。

（3）确立目标、提出评估标准、开展学习活动，这三个阶段彼此对应，互相联系，形成统一整体。单元基本概念为"传记性作品和回忆性散文中的抒情"，指向文章中传主对人、事、物的情怀，也有作者对人物的情感，还有读者对人物和作者的情绪，还包括一些名人对邓稼先、闻一多、鲁迅、孙权等杰出人物的评价。围绕这一主题，结合课标要求、教材编写意图、学生基础情况，确立单元教学目标，使得教学目标与单元基本概念保持一致。评估标准是对接教学目标而设立的，准确地指导了学生"在哪里""去哪里""到什么程度"。学习内容的选择及学习活动的设计，紧紧围绕基本概念展开，对号入座式地一一落实单元学习目标。这就保证了单元目标、评估标准、学习活动都在单元基本概念的背景下展开，所有的学习任务都指向同一个大主题，没有跑题，没有绕弯，保障了学习过程的主题指向及学习结果的切实落地。

（4）教学过程中的每个环节的开展，每个活动的设计，都有对应的评估标准。这样，强大的反馈系统给了学生达成目标的方向、引导、矫正的抓手，让学生时时明了自己的学习处在什么水平，最高标准是什么，如何提高学习水平。教师的指导也变得清晰可见。课堂教学就会沿着既定标准十分明确地向教学目标进发，不会偏离教学重点。

（5）教师根据学生反思的结果，对教学设计不当之处进行调整。学生的反馈才是教师教学行为调整的根本依据。每单元学习结束后，教师要引导学生针对知识获得、能力提升、学习态度、学习方法、思维发展等几方面进行对照、比较，自我评估发展的程度和效果，这个自我反馈的过程既是对前一阶段学习的总结，更是下一阶段学习的基础。

十一、部分课节教学设计

统编版语文七年级下册第一单元第2～3节课教学设计：

教学环节	师生活动	课时目标	评估标准		
			A级	B级	C级
概括事件和人物形象	反复默读课文，在书上做批注：将叙述邓稼先、闻一多、鲁迅、孙权四位杰出人物的事件用简洁的语言概括出来，同时判断每件事所体现的人物精神、情感、形象。组内交流自学成果，根据同学们和老师的建议修改自己的学习所得	阅读传记性文章，能概括事件和事件所表现的人物形象	1. 每个人物概括3件事或以上 2. 每件事10个字以内 3. 评价每个人物用三个词或以上 4. 评价的词语与事件匹配	1. 每个人物概括2件事 2. 每件事10个字以上 3. 评价每个人物用2个词 4. 评价的词语与个别事件不匹配	1. 每个人物概括1件事 2. 每件事10个字以上或表述不清 3. 评价每个人物用1个词或用词不当 4. 评价的词语与事件不匹配

统编版语文七年级下册第一单元第4～5节课教学设计：

教学环节	师生活动	课时目标	评估标准		
			A级	B级	C级
体会作者情感	在文中画出直接表达作者情感的句子，低声地、深情地朗读给自己听，在书上做标记，看看这些句子表达了作者对传主怎样的情感；圈出你认为间接地表达作者情感的内容，低声地、深情地读给同桌听，在书上做标记，看看这些内容表达了作者对传主怎样的情感	通过比较，能区分直接抒情和间接抒情，并能说明不同内容所表达的作者不同的情感	1. 例如，能找到"'两弹'元勋"部分的"邓稼先是中华民族核武器事业的奠基人和开拓者"这句话，能分析其中蕴含着作者对邓稼先为中华民族做出卓越贡献的无限崇敬之情 2. 例如，能找到"'我不能走'"部分中引用的《吊古战场文》及"五四"时期的歌词，能分析出这两种引用间接表达了作者对邓稼先身先士卒、不怕吃苦、奉献自我的品格的由衷赞颂之情 3. 其他三篇文章与此类似	1. 能区分直接抒情和间接抒情，所引用的例子符合直接抒情和间接抒情的特点 2. 能准确总结作者的思想感情，但不全面，或与所引事件不够吻合	1. 不能区分直接抒情和间接抒情，所引用的例子不符合直接抒情和间接抒情的特点 2. 总结作者的思想感情不准确，也不全面，或与所引事件不够吻合

统编版语文七年级下册第一单元第4～5节课教学设计：

教学环节	师生活动	课时目标	评估标准		
			A级	B级	C级
表达个人情感	找出文中最能打动你的文字，动情地朗读给全组同学听，想一想这些文字为什么打动了你。在本子上给四位传主每人写一段"感动人物颁奖词"，小组内评出写得好的颁奖词，由本组字迹最工整、最漂亮的同学誊写在班级专题手抄报上面。每个小组的优秀颁奖词最终构成一期以"致敬英雄"为主题的班级手抄报	1. 能用普通话正确、流利、有感情地朗读 2. 耐心专注地倾听 3. 欣赏文学作品，有自己的情感体验。能对作品中感人的情境和形象说出自己的体验	朗读方面：正确——错音不超过三处；流利——回读、跳读、重读不超过三处；有感情——听者能被吸引	朗读在正确、流利、有感情三方面还需要有待提高	朗读在正确、流利、有感情三方面还需要有大幅度提高
			听读方面：能认真听别人朗读，对朗读错误的地方能指出来，对朗读有感情的地方能提出鼓励	听读时能不出声打断别人，但对于错误之处不能指出和修正	听读时心不在焉，听不出别人的错误和读得好的地方
			书写方面：颁奖词有感染力，得到小组同学的一致称赞和推荐	颁奖词文从字顺，但语言平淡，不能得到小组同学的一致认可	颁奖词表意不详，小组同学一致认为较差

统编版语文七年级下册第一单元第4～5节课教学设计：

教学环节	师生活动	课时目标	评估标准		
			A级	B级	C级
评价人物功绩	课外阅读闻一多先生的《太阳吟》《死水》《静夜》等诗作，以及鲁迅先生的《死》，进一步了解闻一多和鲁迅的思想。还要搜集并整理我国"'两弹'一星"科学家的资料。通过网上查找资料，每个学生为每位传主找一句著名人物对他们评价的话，抄写下来。根据自己对四位传主的了解，评价这四句话是否公正地评价了四个人物。每组选派一名代表在班内发言	能对一些名人关于四位传主的评价做出自己的判断	对名人名言的评价不仅有自己的观点，还有充足的证据。小组同学一致信服	评价只有自己的看法，但证据不足。小组同学认为还应该有充分的证据才好	评价只能简单地说好与不好，没有足够的说服别人的理由。小组同学一致认为理据不足

统编版语文七年级下册第一单元第6～8节课教学设计：

教学环节	师生活动	课时目标	评估标准		
			A级	B级	C级
总结写作手法	默读四篇文章，思考"在人物塑造方面，作者用到了哪些方法？"，将思考的结论在书上做圈点、勾画、批注。将四篇文章所使用的表现手法作比较，找出相同点。教师提示并指导	比较几篇文章的写法，能举例说明传记作品抒情的普遍方法及特殊之处，并评价这些写法所起的作用，例如，能举例说明炼字、细节描写、事件选取、小标题、对比手法、直接抒情和议论等在表现人物	找出四篇文章中以下五点相同之处：1.有很多意蕴深厚的词语表现了人物的品格、表达了作者对人物的情感2.有很多句子直接抒发了作者的感情，表现了人物的精神风貌3.有很多事件体现了人物的精神品格，表达了作者对人物的感情	找出3～4处相同之处，解释说明能让人听出条理性	只能找到2处或2处以下的内容，解释说明含混不清

续 表

教学环节	师生活动	课时目标	评估标准		
			A级	B级	C级
总结写作手法	学生：从词语的使用、句子的表达、事件的选取、细节的刻画、手法的运用五方面进行思考	精神、抒发作者感情等方面的表达效果	4. 运用细节描写，突出人物品质 5. 运用对比、衬托、侧面描写等写作手法表现人物形象，寄托作者感情		

统编版语文七年级下册第一单元第6～8节课教学设计：

教学环节	师生活动	课时目标	评估标准		
			A级	B级	C级
总结写作手法	将四篇文章所使用的表现手法作比较，找出不同点。结合上节课所找出的四篇文章相同的写法和本节课找出的不同写法，画出本单元"传记性文章抒情方法知识图谱"，然后根据知识图谱总结出"欣赏传记性文章的一	梳理本单元学到的体会人物情怀、作者情感、读者情绪、他人评价的方法，形成自己的观点，且能与伙伴分享，形成一致的结论	能对四篇文章逐一进行分析。例如，能看出《邓稼先》中采用小标题的形式，提纲挈领，转换各部分的写作中心，使文章结构一目了然，同时概括了各部分的主要内容；《说和做——记闻一多先生言行片段》中作者化用闻一多作品中的语言使文章语言富有诗化美，极其简洁优美；	能对四篇中的二到三篇文章进行分析，有观点，但观点不是很准确。有依据，但个别依据不能证明观点	能分析一篇文章写法的特殊之处，所列依据对观点的说明不是很充分

教学环节	师生活动	课时目标	评估标准		
			A级	B级	C级
总结写作手法	般方法"。小组共同完成知识图谱绘制		《回忆鲁迅先生（节选）》选材看起来随意，恰恰是生活化的材料从特殊角度凸显了鲁迅鲜为人知的方面；《孙权劝学》中孙权的劝学步步深入，句句在理，以情动人，以理服人，凸显了他劝学的艺术性		

统编版语文七年级下册第一单元第6～8节课教学设计：

教学环节	师生活动	课时目标	评估标准		
			A级	B级	C级
总结写作手法	根据知识图谱制作PPT，组内先展示，每组推荐一名优秀讲解员面向全班同学展示，班级内评选出"最佳讲解员"	自主组织文学活动，相互讨论，能用文字、图表、图画、照片、演示文稿等展示学习成果	1. PPT的内容至少能展示上节课总结出来的三种写作方法，并能举恰当的例子说明 2. 解说时语言表达清晰流畅，表情自然，能用手势及眼神与观众交流 3. PPT的制作提纲挈领，内容有条理，有逻辑性	1. PPT的内容至少能展示上节课总结出来的两种写作方法，举例说明不够充分 2. 解说时语言表达时有停顿，与观众交流很少，多数时候都是盯着PPT在讲解 3. PPT的制作内容条理性、逻辑性不强，思路不是很清晰	1. PPT的内容至少能展示上节课总结出来的一两种写作方法，所举的例子与结论之间关系松散 2. 基本上是照本宣科，对于同学们的疑惑不能解答 3. PPT的制作内容过于简单，不能展示几篇文章中所体现出的写作规律

统编版语文七年级下册第一单元第6～8节课教学设计：

教学环节	师生活动	课时目标	评估标准		
			A级	B级	C级
总结写作写法	每班推荐一名选手参加年级举行的"传记文学作品阅读指南"汇报会，由语文老师和全体学生做评委，用投票方式评选出冠军，并邀请3～5名学生谈谈从冠军的讲解中得出的启示	1. 按照一定的标准分类整理学过的字词句篇等语言材料，梳理、反思自己语文学习的经验，努力提高语言文字运用能力，增强表达效果 2. 自主组织文学活动，在演出、讨论等活动过程中体验合作与成功的喜悦。能用文字、图表、图画、照片等展示学习成果 3. 能用自己总结的方法帮助别的同学阅读同类作品	1. PPT的内容能展示上节课总结出来的五种写作方法，还能例举两种或以上不同于其他文章的特殊写法，并能举例说明，所举的例子能恰当地解释所列的写法 2. 解说时语言表达清晰流畅，表情自然，能用手势及眼神与观众交流 3. PPT的制作提纲挈领，内容有条理，有逻辑性。观众评价能够听得非常明白 4. PPT形式美观，简约、有条理	1. PPT的内容至少能展示上节课总结出来的四种写作方法，还能例举一种不同于其他文章的特殊写法，并能举例说明，所举的例子能恰当地解释所列的写法 2. 解说时表情自然，能用手势及眼神与观众交流，但语言表达偶尔停顿 3. PPT的制作提纲挈领，内容有条理，有逻辑性。观众评价能够听得比较明白 4. PPT形式美观，但色彩、图形等搭配有些不恰当	1. PPT的内容至少能展示上节课总结出来的三到四种写作方法，能举例说明，所举的例子能恰当地解释所列的写法。没能例举不同于其他文章的特殊写法 2. 解说时表情自然，能用手势及眼神与观众交流，但语言表达有较多不通顺的地方 3. PPT展示的内容缺乏一定逻辑，观众评价讲解不够清晰 4. PPT形式上不够美观，画面不够精美

统编版语文七年级下册第一单元第9节课教学设计：

教学环节	师生活动	课时目标	评估标准		
			A级	B级	C级
迁移学习成果	自选阅读《名人传》《哥德巴赫猜想》《居里夫人传》《徐文长传》《苏东坡传》《邓小平时代》《别闹了，费曼先生》《人类群星闪耀时》等作品，能写出评价性的文章。对于能清晰阐释自己的观点，或者提出文学批评意见的文章在班级宣传栏内展评，同时在年级月刊上登载	运用课内习得的"体悟情感"的方法，阅读传记文学作品	1. 例如，读《名人传》，能以《我眼中的贝多芬（米开朗基罗、托尔斯泰）》为题，写一篇人物读后感；或者以《罗曼·罗兰的英雄观》为题，写一篇关于作者的短评；或者以《〈名人传〉的人物塑造技巧》为题，写一篇赏析文章 2. 字数在800～1 000左右 3. 有观点，有证据，读出来能让同学们信服	1. 能写任意一篇文章 2. 字数不足800 3. 有自己的观点，但观点不够集中，证据与观点之间不完全吻合	1. 能写一篇文章 2. 字数不到600 3. 基本上都是摘抄原文，自己的观点不明确

统编版语文八年级下册第五单元整体设计

一、单元整体规划

《课程标准》第四学段"表达与交流"部分指出："多角度观察生活，发现生活的丰富多彩，能抓住事物的特征，为写作奠定基础。写作要有真情实感，表达自己对自然、社会、人生的感受、体验和思考，力求有创意。"在第四学段"学业质量描述"中要求学生"能多角度观察生活，抓住事物特征，选择恰当的表达方式，合理安排详略，条理清楚地表达自己的感受和认识""能从多角度揣摩、品味经典作品中的重要词句和富有表现力的语言，通过圈点、批注等多种方法呈现对作品中语言、形象、情感、主题的理解""能根据具体情境要求，选择合适的文本样式记录经历、见闻和体验，表达感受、认识与观点"。

八年级下册第五单元的四篇文章是现代游记体裁——《壶口瀑布》《在长江源头各拉丹冬》《登勃朗峰》《一滴水经过丽江》。在八年级上学期，学生已经学过古代游记——《三峡》《答谢中书书》《记承天寺夜游》《与朱元思书》，八年级下册第三单元也有《小石潭记》。在初中语文课本中，游记占有一席之地。生活中，游记也无处不在，最常见的便是人们旅游时在朋友圈发的照片与感受，尽管大多数文字比较简单，但从写作目的上看，这一行为是为了展示旅游过程中的风景、人文、地貌、风俗、趣事等内容，并表达自己的感受，这符合游记的文体特点。

本单元的写作训练主题是"学写游记"，与单元阅读内容保持一致，阅读是为写作打基础。口语交际训练点是"即席讲话"，既可以作为专题单独开展语文实践活动，也可以融合在阅读和写作教学过程中进行，因为课堂教学离不开即席讲话。

本单元的四篇文章都突出了游记的三要素——"所至""所见""所感"。文章描写"所至"运用了移步换景和定点观察的写景方法。"移步换景"讲究材料的详略安排，"定点观察"突出空间顺序；描写"所见"运用虚实结合、动静结合、俯仰结合、光影变化、调动感官等写景方式，语言上运用比喻、拟人等修辞手法；描写"所感"有直接抒情，也有间接抒情，同时也运用了议论等表达方式。但是，在相同之中，四篇文章又各具特色：《壶口瀑布》在大篇幅描写黄河的澎湃雄壮后，将黄河的力量升华为中华民族百折不挠的精神，令人称叹不已；《在长江源头各拉丹冬》在描写格拉丹冬冷峻又奇伟的景象过程中，不断穿插作者的切身体会，让读者感同身受；《登勃朗峰》在前半段描绘了变幻多姿的风光之后，后半段刻画了一位自信、有趣的马车夫形象，读来令人忍俊不禁；《一滴水经过丽江》以"一滴水"的视角和行踪写了沿途的自然风光、人文景观和历史沿革，充满了想象的奇特色彩。四篇文章告诉读者：写游记，可以写景，可以叙事，可以记人，可以状物，可以写实，可以想象。但无论写什么内容，运用何种表达方式，目的都在于表达作者的独特情感和旅行感悟。

本单元的学习分为三个阶段，即"什么是游记"（2课时），"好的游记是什么样"（3课时），"写一篇游记"（2课时）。

二、学情分析

学生在小学阶段已经学过《记金华的双龙洞》《草原》等游记文章，八年级下册第三单元学过《小石潭记》等古代游记，对于写景顺序、写景手法、借景抒情等概念已经有一定的积累，但多是从阅读角度进行分析。学生对游记的文体特点没有特别清晰的概念，所以写游记常体现出"写流水账""景物描写泛泛而谈""感受不够独特"等问题，特别是"围绕所感确定游览地点""围绕所感选择观察的材料"这两点，是学生阅读和写作的难点。课前教师要求学生填写"你认为游记是什么"的调查问卷，下面是对49名学生进行"前测"的结果：

空白	记叙文	散文	写景散文	写人	抒情	写景、抒情	游览过程中的景物	旅游中的风景和作者的感情
1	2	4	7	5	4	8	6	12

三、单元目标设计

素养目标
能读懂课内外不同类型的游记，能总结游记的基本要素，并在此基础上概括出游记的文体特点。在反复比较阅读中，归纳出游记在观察角度、写景方法、语言特点等方面的写作要领，形成游记体裁的知识结构化认知。能根据具体的写作要求，选取合适的写景素材，并加以组织和构思，配以吸睛的图片，以图文并茂的方式充分展现景物的典型特色。能根据评价标准修改自己和他人的文章

续 表

单元大概念	具体单元目标
大概念1：游记是记述游览经历和感受的文章，是散文文体的一种。记述的内容一般为某地山川景物、名胜古迹、风土人情、社会生活等。 游记包括三个要素：所至，即作者的游踪；所见，即作者在游览中目睹的风貌，包括山水景物、名胜古迹、风土人情、历史掌故、现实生活等；所感，即作者由所见所闻而引发的所思所想	1. 能在对课内外游记作品的比较阅读中，认识"游记是什么"，概括出游记的特点 2. 能区分开游记与其他文体 3. 对自己的游览经历有文字记录的欲望
大概念2：根据表达主题的需要，游记在游览路线、观察角度、表达方式、写景方法、语言表达、详略安排等方面有其内在规律，但也正是游览的个性化体验使得游记的面貌多姿多彩	1. 通过比较，发现课内四篇游记在表达方式运用上的异同，由此总结游记的不同特点 2. 区分"定点观察"和"移步换景"的观察角度，对材料的详略安排形成认识 3. 发现并归纳动静结合、调动感官等写景手法，在对比中认识这些写法的表现效果 4. 能举例说明并赏析表现力强的语言特点，积累精妙的语句 5. 从情感态度、抒情方式、语言表现等方面鉴赏文章中作者抒情和议论的内容
大概念3：教学过程中，教学目标、教学内容、教学方法以及评价方式之间保持一致性，能够最大限度保证学生对学习目标的掌握程度	1. 从不同维度，合作制订游记写作的评价标准 2. 根据制订的评价标准修改游记文章 3. 根据制订的评价标准写作并修改自己和他人的游记作品 4. 主动公开自己的作品，展示自己观察世界的独特视角
其他具体目标	能正确书写"震耳欲聋""怒不可遏"等词语

四、单元评价设计

（一）评价任务

（1）将自己印象最深的游览经历写成游记，连同照片或视频发到朋友圈，与亲友们分享自己的经历和感受。

（2）将自己写作的游记投稿到《语文报》，参加"中小学生同步作文"第五单元的写作活动。

（二）单元评价设计

水平	评价指标		
	所感	所至	所见
1	1. 没有抒情或议论 2. 抒情或议论非常简单，没有感情色彩	1. 写一处或四处以上的景物 2. 写成了"流水账" 3. 写景顺序混乱	1. 没有用到景物描写的方法，只有直白的描绘 2. 没有用到修辞手法 3. 如果写到人物，只有叙述，没有人物描写 4. 景物或人物描写与"所感"没有关系
2	1. 直接抒情，但情感单薄 2. 升华了主题，但议论很肤浅，不能引人深思 3. 有主观感悟，但与景物关联不大	1. 写一处或四处以上的景物 2. 几处景物描写分不清详略 3. "移步换景"和"定点观察"结合得不自然	1. 景物描写没有用到两种方法 2. 用到了修辞手法，但不恰当 3. 如果写到人物，人物描写不鲜明 4. 景物或人物描写与"所感"联系不够紧密
3	1.如果是直接抒情，能够感情充沛 2. 如果通过联想和想象升华主题，能情景交融 3. 如果是基于景物做出理性思考，景物和思考之间有"契合点"	1. 写2~4处的景物 2. 几处景物描写为突出"所感"而详略得当 3. "移步换景"和"定点观察"相结合	1. 景物描写至少有两种方法（动静结合、虚实结合、俯仰结合、感官描写、光影变化等） 2. 语言上至少用到两种修辞手法 3. 如果写人物，至少用上一种人物描写方法 4. 景物或人物描写突出"所感"

五、单元过程设计

（一）单元学习导语

人们常说"身体和灵魂，总有一个在路上""等风来不如追风去，答案都在路上，自由都在风里"。旅行，就是去不同的地方，感受不一样的人间烟火。回到乡村，我们看到"树树皆秋色，山山唯落晖"；到了水边湖岸，我们看到"独怜幽草涧边生，上有黄鹂深树鸣"；船流江上，我们看到"江流天地外，山色有无中"；到了西北，我们看到"大漠孤烟直，长河落日圆"；去到港澳，我们领略中西合璧的特区风光；观光海外，我们一睹不同文化背景下的异域风情。

请同学们将自己印象最深的游览经历写成游记，连同照片或视频发到朋友圈，与亲友们分享自己的经历和感受。另外，《语文报》"中小学生同步作文"栏目现在正在征集第五单元的作品，八年级下册第五单元的写作任务是游记，同学们可以把自己的游记发给编辑部投稿。希望通过阅读你们的文章，人们能够欣赏到这世上动人的山川风物、四时人情，激发起"世界这么大，我想去看看"的想法。

（二）单元链一：什么是游记？——重点学习大概念1

1. 学生思考本质问题

游记只能写景吗？写景的文章一定是游记吗？

2. 初识游记

学生自读本单元四篇文章，形成对游记的初步认识。

3. 再认游记

① 学生以课内四篇文章为例，画出思维导图，据此汇报自己对游记的进一步认识。

② 学生补写《登勃朗峰》"下山"部分的情节，认清两个容易模糊的问题：一是游记主要抒发"此时此感"，强调"瞬间的心灵感触"；二是游记可以写人记事，但要与小说等以写人叙事为主的文体区别开。

③ 学生探讨：《一滴水经过丽江》与前三篇游记的不同之处在哪里？认识到：游记的观察视角可以是人，也可以是物。

④ 教师提供示例：《一滴水经过丽江》中写到名胜古迹，比如四方街、大水车。学生根据示例继续概括课文的内容。据此认识到：游记的内容具体可以写山川景物、名胜古迹、风土人情、历史掌故、现实生活等。

4. 辨识游记

（1）老师提供《春》《深圳东部华侨城旅游导游词（节选）》《读三峡（节选）》《一片雪花的自述》四篇文章给学生阅读。学生辨析这四篇算不算游记。

春

朱自清

盼望着，盼望着，东风来了，春天的脚步近了。

一切都像刚睡醒的样子，欣欣然张开了眼。山朗润起来了，水涨起来了，太阳的脸红起来了。

小草偷偷地从土里钻出来，嫩嫩的，绿绿的。园子里，田野里，瞧去，一大片一大片满是的。坐着，躺着，打两个滚，踢几脚球，赛几趟跑，捉几回迷藏。风轻悄悄的，草绵软软的。

桃树、杏树、梨树，你不让我，我不让你，都开满了花赶趟儿。红的像火，粉的像霞，白的像雪。花里带着甜味儿；闭了眼，树上仿佛已经满是桃儿、杏儿、梨儿。花下成千成百的蜜蜂嗡嗡地闹着，大小的蝴蝶飞来飞去。野花遍地是：杂样儿，有名字的，没名字的，散在草丛里，像眼睛，像星星，还眨呀眨的。

"吹面不寒杨柳风"，不错的，像母亲的手抚摸着你。风里带来些新翻的泥土的气息，混着青草味儿，还有各种花的香，都在微微润湿的空气里酝酿。鸟儿将窠巢安在繁花嫩叶当中，高兴起来了，呼朋引伴地卖弄清脆的喉咙，唱出宛转的曲子，与轻风流水应和着。牛背上牧童的短笛，这时候也成天在嘹亮地响。

雨是最寻常的，一下就是三两天。可别恼。看，像牛毛，像花针，像细丝，密密地斜织着，人家屋顶上全笼着一层薄烟。树叶子却绿得发亮，小草也青得逼你的眼。傍晚时候，上灯了，一点点黄晕的光，烘托出一片安静而和平的夜。乡下去，小路上，石桥边，有撑起伞慢慢走着的人；还有地里工作的农夫，披着蓑，戴着笠的。他们的草屋，稀稀疏疏的，在雨里静默着。

天上风筝渐渐多了，地上孩子也多了。城里乡下，家家户户，老老小小，他们也赶趟儿似的，一个个都出来了。舒活舒活筋骨，抖擞抖擞精神，各做各的一份事去。"一年之计在于春"，刚起头儿，有的是工夫，有的是希望。

春天像刚落地的娃娃，从头到脚都是新的，它生长着。

春天像小姑娘，花枝招展的，笑着，走着。

春天像健壮的青年，有铁一般的胳膊和腰脚，他领着我们上前去。

深圳东部华侨城旅游导游词（节选）

两个主题公园。

大侠谷生态乐园以"人与自然"为主题，集山地郊野公园和都市主题公园于一体，实现了自然景观、生态理念与娱乐体验、科普教育的创新结合，主要包括水公园、峡湾森林、海菲德小镇、生态峡谷和云海高地等五大主题区，自然奇幻的主题乐园为游客带来不一样的欢乐体验。

茶溪谷度假公园呈现了一个绿的世界、花的世界、中西文化交融的世界和休闲度假的世界，体现休闲度假旅游文化，主要包括：茵特拉根、湿地花园、三洲茶园、茶翁古镇以及水上高尔夫练习场、屋顶可开合式网球馆、东部华侨城大剧院等。近期，茶溪谷将建造一个滑雪场，为游客打造一个南国浪漫雪世界。

三座旅游小镇。

茵特拉根小镇撷取欧洲瑞士阿尔卑斯山麓茵特拉根的建筑、赛马特的花卉、谢菲尔德的彩绘等多种题材和元素，实现了中欧山地建筑风格与优美自然景观的完美结合，温馨的主题街区、古老的森林小火车、典雅的度假酒店、茵特拉根温泉、东部华侨城大剧院、水上高尔夫、网球馆等，在山谷间创造出一个美得像童话世界的山地小镇。

海菲德小镇是以葡萄酒文化为主题的美洲风情小镇，原木与砖石相结合的建筑温馨质朴，系列铜雕展示了从葡萄采摘到红酒酿造的全过程，演绎了19世纪美国加州纳帕山谷的红酒小镇风情。主要包括天幕、海布伦宫、红酒体验馆、自酿啤酒屋、湖畔美食廊、小镇客栈等特色项目，为游客精心打造了一处与红酒约会的陶醉之乡。

茶翁古镇是茶文化的鉴赏区和中心服务区，也是环境幽雅的游客休憩区。游客可以品茶餐、尝茶点、吃土菜、观茶戏、饮茶酒，深入了解茶禅文化；还可以在茶艺坊、茶酒坊、陶艺坊亲身体验采茶、制茶、做陶的乐趣。

读三峡（节选）

王充间

"船窗低亚小栏干，竟日青山画里看。"我满怀着四十余年的渴慕，放舟江上，畅游三峡，饱览着山川胜景。

一些峭拔的石壁，由于亿万斯年风雨剥蚀，岩石现出许许多多的层次和异常分明的轮廓，或竖向排列，或重叠摆放，或向两侧摊开，使人想起"书似青山常乱叠"的诗句。船过兵书宝剑峡，这种"书"的观念就更加浓重了。相传诸葛亮入川时，路过三峡，曾把神人赐予的兵书藏在峭壁之上。此刻，面对着峡江胜境，"书痴"自然要把它捧起来当书读了。

"屈平词赋悬日月"，船过秭归，人们面对着万树丹橘，总要联想起那以物拟人的不朽名篇《橘颂》；而当朝辞白帝，放舟三峡，又必然记诵起李白的流传千古的佳作。在这里，杜少陵经历了创作的极盛时期，两年时间写诗四百三十七首，占了他全部诗作的三分之一以上。刘禹锡出守夔州，在当地民歌的基础上，首创了文人笔下的充满浓郁生活气息和地方特色的竹枝词。前后相隔二百余年，白氏兄弟与苏家父子的诗章，使三游洞四壁增辉，名闻遐迩。

泊乎现代，"江山仍画里，人物已超前"。陈毅元帅的三峡诗，蕴藉沉雄；毛泽东主席"高峡出平湖"的雄词，堪称千古绝唱。面对着意念中的历代诗屏和眼前的山川形胜，我也情不自禁地写下一首七绝："轻舟如箭下江陵，高峡急江一水争。短梦未成千嶂过，巫山何处听猿声？"布鼓雷门，非敢附骥，也不是要作谪仙的翻案文字，纪实而已。

读三峡，有乘上、下水船两种读法。乘上水船，虽然体味不到"轻舟飞过万重山"的酣畅淋漓的快感，但颇有利于从容玩味，沉思遐想。"读书切忌太匆忙，涵泳工夫意味长。"读三峡，也是如此，不能心浮气躁，囫囵吞枣。下水船疾飞似箭，过眼烟云，留不下深刻的印象，其弊正在于此。

但是，下水船又有其独特的美学效应。本来两岸的青松、丹橘、翠峦、粉蝶，彼此相距甚远，但由于船行疾速，拉近了它们的距离，造成眼前多种物象重合叠印的错觉，从而，丰富和充实了视觉形象，即使物象渐渐消失，也能留下一种雄奇的意境与奋发的情思。鉴于两种读法各有得失，我们通过双程往返，兼取了二者之长。

一片雪花的自述

沈宇虹

当秋天的气息开始消散，我便在云端默默地准备着。我的身体开始膨胀，变得轻盈而饱满，像一个含苞待放的花骨朵儿。在那无边的夜色中，我同千万个伙伴一起，随风飘向那未知的大地。兜兜转转，漫天飞舞，我降落在人间。

我是那冰清玉洁的雪花，也是那寒风中舞动的精灵。世间的喧嚣，都在我轻盈的舞姿中变得沉静。

我，一片雪花，独自在寒风中漫步。我就像一位优雅的芭蕾舞者，在空中跳跃，每一个旋转都充满了生命的韵律。我在风中摇曳，时而快，时而慢，犹如漫天飞舞的蒲公英，带着诗意和浪漫。虽然我的生命短暂，但我却以最美的姿态呈现在世人面前。我的存在，是那冬季里的一抹亮色，是那寒风中的一丝暖意。我竭尽所能地释放出自己的美丽，不畏严寒，不惧风霜。

我，一片雪花，也是大地的使者。我来到了这个世界，带来了冬天的讯息。我的降落预示着冬天的到来，也预示着春天即将来临。正如英国诗人雪莱所说："冬天来了，春天还会远吗？"我的存在提醒了人们季节更替，岁月流转。我的消融，预示着生命的轮回，新生的开始。

我是一片雪花，诞生于九天之上，消融于大地之中。当我遇到温暖的阳光，我就会融化成水滴，回归大地。这并非是终结，而是一种新生。我融化成的水滴汇成溪流，滋养万物，为春天的到来做好准备。这就是我的使命，也是我存在的意义。我的生命虽然短暂，但我在有限的时间里尽我所能地展现出自己的美丽。这种纯洁的力量穿越了时间和空间，成为人们心中的一股清流，唤起了人们对于美好事物的向往和追求。

在这个寒冷的冬季，我用我的存在启示人们。当新的一年到来时，我会继续降落在人间，以最美的姿态去面对生活的挑战。当春天到来时，我会消融在大地之中，新的生命轮回又将开始。而这个道理将会在人们心中生根发芽，成为他们面对生活的力量和勇气。

气温回升，我消失在人世间，隐匿在你身后。我们，来年冬见。

（全文有删减）

（2）学生辩论：《桃花源记》和《西游记》算不算游记？为什么？学生认识到：游记的游踪是真实的，同时在写作目的上与小说等体裁的文章不同。

5. 总结游记

（1）学生给游记下定义：游记是记述游览经历和感受的文章，是散文文体的一种。记述的内容一般为某地的山川景物、名胜古迹、风土人情、社会生活等。游记包括的三个要素：所至，即作者的游踪；所见，即作者在游览中目睹的风貌，包括山水景物、名胜古迹、风土人情、历史掌故、现实生活等；所感，即作者由所见所闻而引发的所思所想。

（2）学生对照课前自己对游记的认识进行补充或删改。

（3）学生对照课前自己写的游记初稿进行补充或删改。

作业：课后阅读两篇写三峡的游记——王充闾的《读三峡》和余秋雨的《三峡》，比较一下这两篇与课内四篇游记在内容上的不同之处。

（三）单元链二：好的游记什么样？——重点学习大概念2

1. 思考本质问题

（1）学生思考本质问题：为什么这四篇游记能选入课本？

（2）旅游就是边走边看边想。"边走"要介绍哪些景点？"边看"怎样使景物引人入胜？"边想"如何独出心裁？这三个问题以四篇游记为例加以说明。学生先自学，然后彼此交流意见。

2. 理解"所至"

（1）共同修改一篇学生习作《春游北海公园》，以画"鱼骨图"的形式加深对"移步换景"和"定点观察"认识；去掉"公园门口买票"的内容，理解"游踪的选择取决于文章的主题"。

5月28日，我和爸妈一起去游览北海公园。10点，我们到了公园门口，买票进去。

首先，我们看到公园里有一个很大的湖，一些人在湖上划船，湖边有很多游客。

我们沿湖行走，湖边有亭子，亭中有人休息。我们登上了名为琼岛的小岛，看到了负有盛名的北海白塔。

春游北海公园

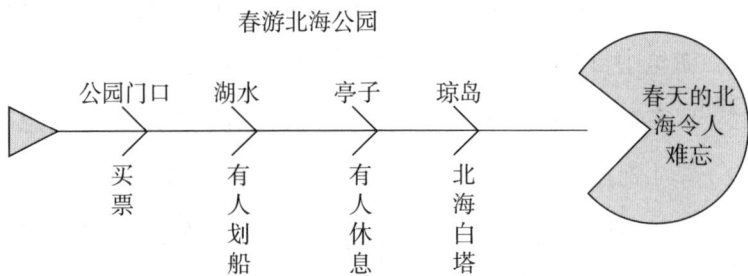

（2）思考、讨论：《壶口瀑布》只写了两个观察点的两种景观，《一滴水经过丽江》写了众多地点的众多事物、人物、自然风景、人文景观、历史沿革等。你怎么看这两篇文章内容上的不同之处？学生认识到：不同写作目的、不同观察视角决定了文章不同内容。

3. 理解"所见"

（1）学生思考并批注：四篇文章中，哪篇文章的景物特别吸引你，使你有了想去看看的冲动？对文章中打动你的文字做批注。最终总结出"定点观察"在写景方法上的规律：采用空间顺序使景物有条理；运用联想和想象、动静结合、虚实结合、光影变化、感官描写等写法能让景物摇曳多姿。

（2）全体学生共同修改《春游北海公园》中"游琼岛"一段并进行扩写，加深对空间顺序、动静结合、虚实结合、感官描写、光影变化等写景方法的认识。

（3）仿照下列示例，从句式、动词的使用、修辞手法、标点符号等角度赏析其余的句子，体会不同作家笔下不同的语言风格。

河水从五百米宽的河道上排排涌（"排排""涌"这两个词语传神地写出河水气势之大）来，其势如千军万马，互相挤着、撞着，推推搡搡，前呼后拥，撞向石壁，排排黄浪霎时碎成堆堆白雪（运用了一系列动词，如"挤""撞""推""搡""呼""拥""碎"，准确具体地写出了水的种种动态，运用比喻、拟人的修辞，生动形象地写出了黄河水波涛汹涌、威武雄壮、奔腾激越的情势，表现了壶口瀑布波澜壮阔的气势，充溢着催人奋进、勇往直前的精神。"排排""堆堆""推推搡搡"这些叠词的使用，不仅增强了文章的音韵美，读起来更有节奏感，而且将壶口瀑布磅礴的气势表现得淋漓尽致，增强了文章的感染力）。

A. 黄河在这里由宽而窄，由高到低，只见那平坦如席的大水像是被一个无形的大洞吸着，顿然拢成一束，向龙槽里隆隆冲去，先跌在石上，翻个身再跌下去，三跌，四跌，一川大水硬是这样被跌得粉碎，碎成点，碎成雾。

B. 尽管这样，壶口还是不能尽收这一川黄浪，于是又有一些各自夺路而走的，乘隙而进的，折返迂回的，它们在龙槽两边的滩壁上散开来，或钻石觅缝，汩汩如泉；或淌过石板，潺潺成溪；或被夹在石间，哀哀打漩。还有那顺壁挂下的，亮晶晶的如丝如缕……而这一切都隐在湿漉漉的水雾中，罩在七色彩虹中，像一曲交响乐，一幅写意画。

C. 是琼瑶仙境，静穆的晶莹和洁白。永恒的阳光和风的刻刀，千万年来漫不经心地切割着，雕凿着，缓慢而从不懈怠。冰体一点一点地改变了形态，变成自然力所能刻画成的最漂亮的这番模样：挺拔的，敦实的，奇形怪状的，蜿蜒而立的。那些冰塔、冰柱、冰洞、冰廊、冰壁上徐徐垂挂冰的流苏，像长发披肩。小小的我便蜷卧在这巨人之发下。太阳偶一露面，这冰世界便熠熠烁烁，光彩夺目。端详着冰山上纵横的裂纹，环绕冰山的波状皱褶，想象着在漫长的时光里，冰川的前进和后退，冰山的高低消长，这波纹是否就是年轮。

D. 我们曾仰面遥望附近的一座峰巅，但见色彩斑斓，彩霞满天，白云缭绕，轻歌曼舞，那朵朵白云精美柔细，宛如游丝蛛网一般。五光十色中的粉红嫩绿，尤为妩媚动人，所有色彩轻淡柔和，交相辉映，妖媚迷人。我们干脆就地而坐，饱览独特美景。这一彩幻只是稍作驻留，顷刻间便飘忽不定，相互交融，暗淡隐去，可又骤然反光灼灼，瞬息万变，真是无穷变幻，纷至沓来；洁白轻薄的云朵，微光闪烁，仿佛身披霓裳羽衣的纯洁天使。

E. 今天，一架大水车来把我们扬到高处，游览古城的人要把这水车和清凉的水做一个美丽的背景摄影留念。我乘水车转轮缓缓升高，看到了古城，看到了狮子山上苍劲的老柏树，看到了依山而起的重重房屋，看到了顺水而去的蜿蜒老街。古城的建筑就这样依止于自然，美丽了自然。

（4）学生模仿上面的语言特点，以小组为单位对《春游北海公园》中"游琼岛"部分的文字进一步修改。

4. 理解"所感"

（1）学生浏览《壶口瀑布》《在长江源头各拉丹冬》《小石潭记》《与朱元思书》《答谢中书书》，找出几篇游记中表达作者情感或感悟的内容，关注这类文字的写作手法。借此学生认识到：这类文字要么写观景时的直接体验，如《壶口瀑布》中"心还在不住地跳"，《在长江源头格拉丹冬》中多处写自己身体和心理上的感受；要么写由景物引发的感想，如《壶口瀑布》中由眼前黄河水的"海、河、瀑、泉、雾"的不同形态联想到人的"喜、怒、哀、怨、愁"的不同情感；要么写基于景物进行的带有较多理性色彩的思考，如《壶口瀑布》最后一段，由水升华到人的性格，赞美中华民族不屈不挠的性格。

（2）下面关于"所至""所见""所感"三者的关系，学生选择其中一个并说明理由。借此学生认识到："所至是骨骼，所见是血肉，所感是灵魂。无骨不立，无肉不丰，无魂不活。""所感"统领"所至"和"所见"，"所至"要根据"所感"做出取舍，"所见"要与"所感"有一定的契合。

A图　　　　　　　　　B图

（3）学生以《壶口瀑布》为例，说明"景物描写与抒情和议论保持一致"的特点。例如，后面议论黄河："博大宽厚，柔中有刚；挟而不服，压而不弯；不平则呼，遇强则抗；死地必生，勇往直前。"前面描写黄河紧紧围绕这些特点展开："当然这么窄的壶口一时容不下这么多的水，于是洪流便向两边涌去，沿着龙槽的边沿轰然而下，平平的，大大的，浑厚庄重如一卷飞毯从空抖落。不，简直如一卷钢板出轧，的确有那种凝重，那种猛烈。""有一些各自夺路而走的，乘隙而进的，折返迂回的，它们在龙槽两边的滩壁上散开来，或钻石觅缝，汩汩如泉；或淌过石板，潺潺成溪；或被夹在石间，哀哀打旋。还有那顺壁挂下的，亮晶晶的如丝如缕……"

（4）学生给《春游北海公园》补充出抒情或议论的文字。老师从中选出两份，全班学生进行评析。

5. 总结"好游记"特点

（1）学生总结"好游记"的特点，并用思维导图的形式画出优秀游记作品的知识结构图。

（2）作业：确定自己写作的景点，搜集有关这个景区的一些诗词、历史掌故、神话传说等，为写作做准备。

（四）单元链三：写一篇游记——重点学习大概念3

（1）学生思考本质问题：什么样的游记能被《语文报》录用？

（2）学生根据之前画的知识结构图共同制定游记评价量表。

（3）学生根据游记评价量表的提示写作文。

（4）学生根据游记评价量表先后修改自己和小组内成员的游记。

（5）各组推荐最优秀的作品，老师根据游记评价量表加以评价和指导。

（6）学生投稿。如果个别学生觉得自己的作品没把握被录用，也要在朋友圈发布，同时配上旅游的照片或视频，让更多人欣赏。

（7）持续性反思作业：①多阅读优秀的游记作品：如梁衡的《名山大川感思录》、余秋雨的《千年一叹》、徐迟的《黄山记》、王充闾的《土囊吟》、王剑冰的《圆明园之思》等作品；②今后继续将旅游的照片或视频连同自己的游记作品发至朋友圈。

六、单元学习反思

第一阶段	对于游记的特点哪些地方还不理解？	如何解决难题？
第二阶段	对于游记所至、所见、所感的写法还有哪些地方不清楚？	现在是否已经清楚？
第三阶段	自己的作文对照游记评价量表还有哪些指标达不到？	现在是否已经订正？
作文	评估自己的习作，觉得投稿能被选中吗？	还需要通过哪些途径润色自己的作文？

附部分优秀学生习作：

我爱瘦西湖

学生一

瘦西湖，一直在我梦里。

扬州，三月，我，我们仨终于相遇。

"烟花三月下扬州"，那是李白的扬州，孤帆远影，江流无尽，多悠远而迷离的一幅画面。"二十四桥明月夜"，那是杜牧的扬州，玉人已不见，箫声犹在耳，人世间的肝肠寸断莫过于此，太伤心了，太摧折了。

我的扬州不是这样子。

扬州，我只见了瘦西湖，我也只想见瘦西湖。西湖是高贵的西施，可望而不可即，瘦西湖是邻家小妹，可遇而不可求。

桃红柳绿，莺声燕语。深红的寒梅迟迟不肯退却，大朵的玉兰却按捺不住，鹅黄、粉紫、象牙白，早早地开了满坡。成丛的迎春花伸展着嫩黄的手臂，岂止是迎接春天，更是迎接远宾近客呢。柔柳婆娑着舞姿，跳的是《霓裳》呢，还是《惊鸿》？柳梢下面，是谁栽下郁金香？接天连地，异彩流光，这可不是玉环和梅妃的舞步，倒使人恍惚觉得一时到了西欧异域。琼花未放，不开也罢，缺憾也是一种美！瘦西湖拼了命似的将各色各时的花做成头饰，将所有色彩所有季节一并戴在头上，但是，没人觉得俗气，相反，正如八九岁的小姑娘喜爱所有的花色，不忍相弃，一股脑儿别满了发间一样，俏皮且喜气，令人忍俊不禁呢。

看那水吧，不像西湖的坏脾性——时而水面如镜，时而波纹如绫。

瘦西湖多数是波澜不惊，即便是丝雨飘落，也激不起半点涟漪。原来瘦西湖长大了！十三四的年纪，不再胡乱簪花，倒出落成沉静的处子。烟雨迷蒙之际，恰似施了淡妆轻蹙蛾眉的少女，晴空如碧之时，正如浣了粉面鬐鬟始掠的姑娘。

二十四桥和五亭桥遥遥对望，一唱一和，彼此应答，你有杜牧的叹息，我有乾隆的游历。白塔与吹台一高一低，俯仰生姿，顾盼传情，倒像是一对终日相思的痴男怨女。因了这桥这塔这台，瘦西湖倒成了待字闺中的豆蔻女郎，多情，多了柔情与才情，妩美，添了静美与淑美。

瘦西湖，我想掬你入手，可是我的手沾了人世间几十载的烟尘呢。我想含你入口，可是我的口吃过多少五谷杂粮菜蔬果实呢。还是将你安放扬州吧，宁可我日日念你，而不让你离了故土，饱受思乡之苦！我既已来过，在今生与你相逢，夙愿已偿，了无遗憾，我仍将你放回我的梦中。

瘦西湖——邻家小妹，你不应是某个人的，也不应是某部分人的，你的可爱和美丽属于所有喜爱你的人。

梵净山游记

学生二

九十米高的一座巨石。为了它，我几百里涉川跨水而来；为了它，我几千里穿云破空而来；为了它，我几千米翻山越岭而来。它就是贵州的梵净山。

"梵"，寂静之意；"净"，清净之意；"梵净山"，梵天净土，天空之城，弥勒佛道场。既是佛门圣地，一切要讲缘分。与梵净山有缘的话，一定是晴天。还好，我赶上了晴天。

梵净山管理得宜——一百个人一组陆续登山，几乎三五步就要被命令停下脚步等待，等待的时间大大长于走动的时间，九十米的高度，一两个小时上去是常态。终于轮到我这一组进入栏杆内了。开始来到巨石脚下，抑制不住心中的激动："我终于触摸到梵净山了。"队伍挪动两三步就要停下，趁此机会，人们不断地拍照，不住地四下张望。忽然，有人惊呼："快看！"顺着她的手指，我看到一大片雾气被风吹过，速度之快让人猝不及防，刚才还历历在目的金佛寺倏然不见了！正在人们惊叹之际，红门青瓦的偌大的寺院像一点点褪去面纱似的，又缓缓地露出真容。雾气时浓时淡，阳光若隐若现，雄伟的梵净山脉忽明忽暗，真是妙不可言。突然，一阵风吹过来，几缕雾气从身边飘过，十几只鸟儿啾啾地叫着，笑着，从人们头上盘旋而过，只歇息了片刻，叫声、笑声、鸟影再次在头上掠过。"荡胸生层云，决眦入归鸟。"古人诚不欺我！

又往上挪了几步，拐过了一小片岩石，在这个角度往下瞧，"天啊！"我的心差点跳出来，脚下居然是深不见底的万丈深渊！"天台四万八千丈，对此欲倒东南倾。"我赶紧收回目光，定了定神往边上看，竟然有两片岩石一纵一横，构成了桌面大小的一朵逼真的"蘑菇"。周围有声音传来："这个是假的吧？怎么能这么像蘑菇？"另一个声音回答："不可能是假的，这么陡的地方，脚都没地方放，怎么能搭上去？"队伍突然动了起来。"哎呀！""怎么了？怎么了？""一个孩子脚踩滑了，幸亏后面有人给接住了！""我的天啊，大家千万踩稳了。"我蹭到刚才男孩差点失足的地方，倒吸一口凉气——两侧的山石距离狭窄，仅容一人通过，且石壁几乎是九十度，落脚的地方只有半只脚的宽度，要手抓两侧的铁索，手脚并用才能向上。只要稍微打滑，整个人就会悬在石壁上。如果手再放松，必然就会往下滑。如果后面没有人挡住，人就会跌落石阶！所有的人都不再出声，双手抓牢铁索，一步一个脚印地蹬住石壁上的半个脚窝，待一只脚确定站稳了，才腾出一只手往上再挪一下锁链。最艰难的五米路似乎走了一辈子。

终于到了稍微宽敞一点的空间，手仍然要抓紧锁链，但毕竟双脚可以并排站拢了。这时，我才突然听到胸膛里"砰砰砰"的心跳声，我感觉后背"唰"的一下，冷汗冒了出来。队伍再度停下来，我鼓起胆往上望，差点手一松，人要掉下去！因为我看到头顶的云急速向左边飞过，我却突然感到身前的山在向右侧迅速倒下去！我前面和后面都有人大叫起来："哎呀妈呀，山倒了，倒了！"不远处的保安人员大声呵斥："别喊！人吓人，吓死人。"原来是我们的错觉。我不敢抬头了，也不敢往山下看，只能看自己的手和脚。现在想起那情景，仍然心有余悸。我估计所有人包括我，那时候脸色一定都是惨白的。

终于，听到上面有人喊："上来了，上来了！"果然，随着队伍的蠕动，我终于到了一块平整的台阶上，台阶大概有两个平米见方，"哦，危险终于过去了！"但是，我还是高兴得太早了，几个台阶辗转走过之后，眼前赫然出现"一线天"：高不见顶的两侧岩石中间，只能容一个人侧身通过。不知是雨水还是雾水，淙淙地从岩石上流下。脚下是积水，头顶是一条细线般的天，不是蔚蓝色的天空，而是阴沉沉的雾霭。身前身后都是人，我不由自主地往里面挤。因为我生怕鼻子刮到面前的岩石上，所以后背紧贴在后面湿漉漉的岩石上，衣服一下就湿透了。还好，这个憋闷又恐惧的过程只有几十秒而已。终于，终于，我来到了平缓开阔的峰顶，心脏似乎"噗通"一声落回了胸腔。九十米，用了一个多小时，终于到顶了，这比唐僧取经难上一千倍，比李白登蜀道难上一万倍！

然而，站在梵净山至高处的刹那，绵延无尽的苍山翠树悉入眼底，释迦殿和弥勒殿即在眼前，我顿觉内外明澈，净无瑕秽。

九十米的梵净山，与人生之路何其相似：高高低低，明明暗暗，直直曲曲，走走停停，热闹与孤寂交错，清醒与迷茫交替，汗水与泪水交织，痛苦与欢乐交互，道路起伏不定，阴晴难以琢磨，风景瞬息万变，际遇反复无常。

而修行，就是心向高处，脚不停步，每一步不退半分，每一脚不错纤毫，终会顶峰相见，必定众山皆小。

"散文中的景与情"跨学段
大单元教学设计

有的跨学段文本适合组织在一起进行大单元教学。下面展示的是跨学段大单元教学设计案例。

一、单元教学内容

《春》《雨的四季》《与朱元思书》《答谢中书书》《岳阳楼记》《醉翁亭记》

二、单元主题

散文中的景与情

三、适用年级

九年级

四、单元分析

1.《课程标准》分析

《课程标准》在"课程理念"部分指出，构建语文学习任务群，注重课程的阶段性与发展性。以学习任务为载体，整合学习内容、情境、方法和资源等要素，设计语文学习任务群。学习任务群的安排注重整体规划，根据学段特征，突出不同学段学生核心素养发展的需求，体现连贯性和适应性。

7~9年级"阅读与鉴赏"部分提出，在阅读中了解叙述、描写、说明、议论、抒情等表达方式。欣赏文学作品，有自己的情感体验，初步领悟作品的内涵，从中获得对自然、社会、人生的有益启示。能对作品中感人的情境和形象说出自己的体验，品味作品中富于表现力的语言。

"表达与交流"部分提出："多角度观察生活，发现生活的丰富多彩，能抓住事物的特征，为写作奠定基础。写作要有真情实感，表达自己对自然、社会、人生的感受、体验和思考，力求有创意。"

由以上要求得出：将《春》等几篇以写景、抒情为主的文章组合成一个单元学习内容，以学习任务作为驱动，从表达方式入手，能够促进学生对同类文的学习形成结构化的认知和能力，提高学生感悟自然的敏锐力和抒发自我的表达力。

2. 教材分析

《春》《雨的四季》选自统编版七年级上册第一单元，《与朱元思书》《答谢中书书》选自统编版八年级上册第三单元，《岳阳楼记》《醉翁亭记》选自统编版九年级上册第三单元。

从"人文主题"角度看，《春》这一单元的重点是：课文描绘了多姿多彩的四季美景，四时景物美不胜收，抒发了作者亲近自然、热爱生活的情怀。阅读这些课文，可以让我们感受到自然的美妙，生活的醇美。《与朱元思书》这一单元的重点是：自然山水，或清幽，或雄奇，或秀丽，均显造化之妙。深入其中，总能让人流连忘返，引起无限的情思。古代诗文中有很多歌咏山水的优美篇章，阅读这类作品，可以获得美的享受，净化心灵，陶冶情操。《岳阳楼记》这一单元的重点是：登亭台楼阁，观湖光山色，游目骋怀，纵情山水，可以让人感受自然之美，领略历史文化的底蕴。本单元所选的诗文在描写景物、抒发感情的同时，也表达了作者的政治理想、志趣抱负。学习时，要注意体会古人寄托于山水名胜中的思想情感，感受他们的忧乐情怀。

从上述教学重点来看，三个单元在写作内容上有相近之处：写大自然的美好，蕴含作者的情思。从表达方式上看，三个单元都运用了写景和抒情的方式。当然，三者也有不同之处。《春》《雨的四季》融情入景，物我合一，在美丽的景致中饱含作者对自然的热爱和歌咏。《与朱元思书》《答谢中书书》"景胜于情"，情在景外，描摹自然风物的美好，意在抒发流连山水、远离尘嚣的超脱情怀。《岳阳楼记》《醉翁亭记》则融叙事、写景、抒情、议论于一炉，"情胜于景"，甚至"意不在景"，而在于超然物外的志趣和理想。

正是基于三个单元中的几篇代表作之间有异同之处，本次大单元教学所以从表达方式特别是写景和抒情入手，对以写景抒怀的古今散文的特点进行探究，使学生在写作和鉴赏此类文章时形成结构化的认知。

根据以上对教材的分析，本单元分为五个子任务构成单元任务链：

散文中的景与情
- 子任务1：梳理课文思路（1课时）
- 子任务2：发现写景规律（2课时）
- 子任务3：比较抒情异同（4课时）
- 子任务4：撰写赏析文章（1课时）
- 子任务5：举行品读讲座（1课时）

3. 学情分析

《春》这一单元在七年级教学时，教师主要通过指导朗读重音、停连等技巧，激发学生的想象力等方式进行教学，学生已经积累了一些揣摩、品味语言表现力的方法，对比喻和拟人的修辞手法的表达效果有一定的了解。《与朱元思书》这一单元在八年级教学时，学生主要通过联想和想象，领略山川风物之灵秀，理解作者寄寓其中的情怀，对一些写景方法及其作用在《春》那个单元的基础上进一步加深了了解。《岳阳楼记》这一单元的学习方法有：在理解课文内容的基础上，熟读成诵，积累、掌握课文中的文言实词和名言警句，并体会文言虚词在关联文意、传达语气等方面的作用。三个学段的文章内容由易到难，写法由简到繁，思想由浅到深，学生在前两个单元积累的学习方法成为《岳阳楼记》这一单元学习的基础，例如，学生在前两个单元学习的基础上，在体会景物及其特点、分析写景方法等方面，已经具备一定的鉴赏水平。但是，《岳阳楼记》这一单元中"景和情"的关系要比前两个单元复杂得多。王国维在《人间词话》中对中国古典诗词从"意境"角度进行开掘，提出了很多著名的论断，如"有我之境，以我观物，故物皆著我之色彩。无我之境，以物观物，故不知何者为我，何者为物""一切景语皆情语"等。借用诗歌的鉴赏理论，写景抒情散文也存在"无我之境"，如《春》《雨的四季》；也存在"有我之境"，如《与朱元思书》《答谢中书书》；事实上，还应有一重境界——"忘我之境"，如《岳阳楼记》《醉翁亭记》。从"境界"的不同层次分析不同作家的不同作品，这对九年级学生来说存在一定难度，而这也正是本次大单元教学的重点。

五、单元目标

素养目标	
能够梳理不同写景抒情的古今散文在表达方式、写景方法等方面的异同，能够举例说明不同文章的抒情方式及情怀志向的区别，能够总结出写景抒情文章中景与情的关系。能用所学到的景与情的写法写作自己的文章。能对不同作家的思想境界做出自己的评价，并从中受到启发	
单元大概念	**具体单元目标**
大概念1：写景抒情的文章，不同作家因为写作目的不同，会选择不同的表达方式，因而文章所呈现出的结构也有所不同	能在梳理几篇文章的结构基础上辨析不同文章所运用的不同表达方式
大概念2：不同文章中的景物及其特点固然有不同，但在表现景物特点的方法上，有一些共同之处	1. 归纳、总结出文章中常见的写景方法，能结合文章内容从写景方法角度进行鉴赏 2. 能运用几种写景手法描绘景物
大概念3：不同的写作目的决定了作品不同的情感表达，这使得作品境界有大有小，但并无高下之分，能够营造出打动人心的境界就是优秀文章	1. 比较几篇文章中作者所蕴含的感情，能对作者的思想感情进行有理有据的评价 2. 能运用所学的鉴赏方法赏析课内外其他的写景抒情名篇 3. 能在自己的写景文章中，恰当表达真情实感

六、基本问题

如何评价写景抒情散文中的景与情？

七、单元评价任务

八年级的学生即将开始第三单元的学习，很多学生不知道如何欣赏这类歌咏山水的文章，也不知道如何写好这类文章。八年级语文老师和全体学生拟开展一次"情景结合话散文"的座谈会。你作为九年级学生代表，届时要以"写景抒情散文中的景与情"为主题给八年级学生做一次微讲座。微讲座的具体要求为：讲解时间在10分钟左右；要有课件。

八、评价量化标准

"情景结合话散文"微讲座量化评价表：

满足成功标准	接近成功标准	远未达到成功标准
1. 在理论层面讲清了景与情结合的三种境界	1. 在理论层面讲清了景与情结合的三种境界	1. 理论层面逻辑混乱，听不懂在讲什么
2. 能结合具体文章进行讲解，显得有理有据	2. 具体事例少，听起来有理无据	2. 举的例子不能证明自己的观点
3. 课件制作图文并茂，课件起到有力的辅助作用	3. 所有文字全部显示在课件上，基本上是照念课件	3. 没有课件，或者课件内容杂乱不堪
4. 语言表达流畅且生动，吸引人听讲	4. 语言比较流畅，但不够生动，没有吸引力	4. 语言表达不清，话不成句
5. 手势动作、面目表情等恰到好处	5. 体态语言僵硬或者过于频繁，影响了听众注意力	5. 手足无措，特别拘谨

九、单元过程设计

子任务1：梳理课文思路

学生阅读《春》《雨的四季》《与朱元思书》《答谢中书书》《岳阳楼记》《醉翁亭记》六篇文章，梳理文章脉络，画出思维导图。

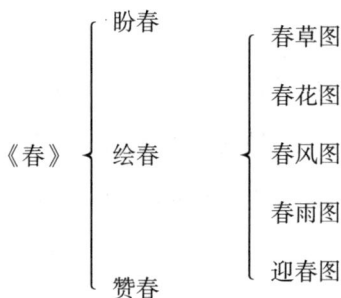

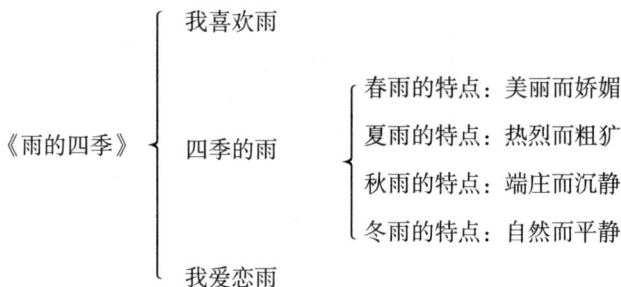

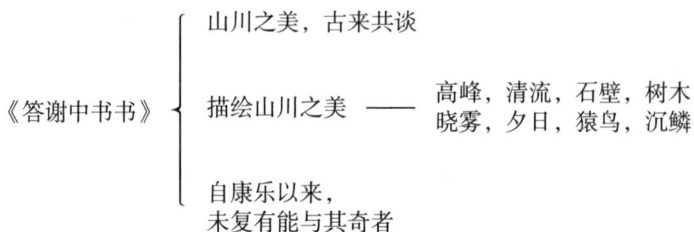

```
                        ┌ 春草图
                  ┌ 盼春  │ 春花图
《春》    ┤ 绘春 ┤ 春风图
                  │       │ 春雨图
                  └ 赞春  └ 迎春图
```

```
                  ┌ 我喜欢雨
                  │              ┌ 春雨的特点：美丽而娇媚
                  │              │ 夏雨的特点：热烈而粗犷
《雨的四季》┤ 四季的雨 ┤
                  │              │ 秋雨的特点：端庄而沉静
                  │              └ 冬雨的特点：自然而平静
                  └ 我爱恋雨
```

```
                  ┌ 山川之美，古来共谈
                  │
《答谢中书书》┤ 描绘山川之美 ── 高峰，清流，石壁，树木
                  │                       晓雾，夕日，猿鸟，沉鳞
                  │ 自康乐以来，
                  └ 未复有能与其奇者
```

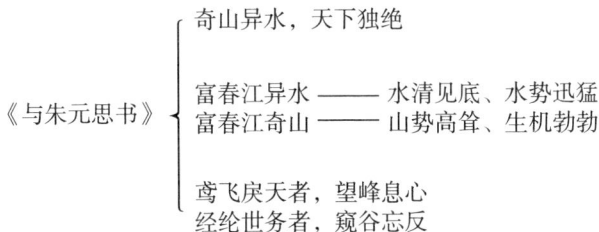

《醉翁亭记》

《岳阳楼记》

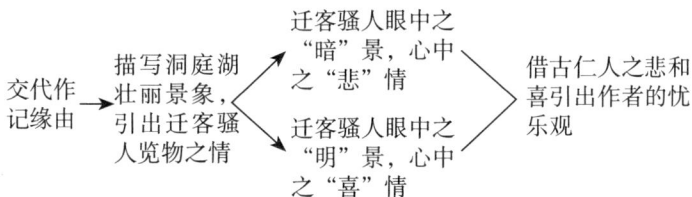

子任务2：发现写景规律

（1）学生根据课文内容填写下列表格：

赏析角度	《春》	《雨的四季》	《与朱元思书》	《答谢中书书》	《岳阳楼记》	《醉翁亭记》
描写对象						
景物特点						
写景顺序						
精炼字词						
修辞手法						
写景方法						
句式特点						

（2）学生根据所填表格内容总结写景散文中景物描写的规律。以下内容不要求学生面面俱到，每位学生抓住不同的角度，有自己的体验，言之成理即可。

① 写景要抓住景物的特征。只有抓住景物特征，景物才能鲜活，描写才显得真实。例如，《春》中描绘春草"嫩嫩的""绿绿的""一大片一大片满是的""软绵绵的"，突出了春草嫩、绿、多、软的特点。"桃树、杏树、梨树，你不让我，我不让你，都开满了花赶趟儿"突出了春花竞放、争奇斗艳的景象，"红的像火，粉的像霞，白的像雪"突出了春花绚丽多彩、五颜六色的特点。《雨的四季》中写道"水珠子从花苞里滴下来，比少女的眼泪还娇媚"，写出了春雨的千娇百媚。"天上聚集几朵乌云，有时连一点儿雷的预告也没有，你还来不及思索，豆粒大的雨点就打来了"写出了夏雨的热烈、迅疾。"水声在屋檐下，水花在窗玻璃上，会陪伴着你的夜梦"写出了秋雨的润物无声。"忽然到了晚间，水银柱降下来，黎明提前敲着窗户，你睁眼一看，屋顶、树枝、街道，都已经盖上柔软的雪被，地上的光亮比天上还亮"写出了冬雨的平静、自然。《与朱元思书》中"水皆缥碧，千丈见底。游鱼细石，直视无碍"写出了富春江水静处，清澈透明，千丈见底；"急湍甚箭，猛浪若奔"写出了富春江水急处，如箭、如奔马。"夹岸高山，皆生寒树，负势竞上，互相轩邈，争高直指，千百成峰"写出山势连绵陡峭，直插云天；"泉水激石，泠泠作响；好鸟相鸣，嘤嘤成韵。蝉则千转不穷，猿则百叫无绝""横柯上蔽，在昼犹昏；疏条交映，有时见日"写出山中万物欣荣，天籁动听，光影多变。《答谢中书书》中"两岸石壁，五色交辉。青林翠竹，四时俱备"写出峰峦多彩、草木四季常青。《岳阳楼记》中"浩浩汤汤，横无际涯，朝晖夕阴，气象万千"写

出洞庭湖的浩渺无际、变化莫测。《醉翁亭记》中"野芳发而幽香，佳木秀而繁阴，风霜高洁，水落而石出者，山间之四时也"写出了山中四季景物多变、多姿多彩的风光。

② 写景要按照一定的顺序。学生要认识到，景物的安排要遵循一定的顺序，才显得有条有理，匠心独运。例如，《春》中"桃树、杏树、梨树，你不让我，我不让你，都开满了花赶趟儿。红的像火，粉的像霞，白的像雪。花里带着甜味儿；闭了眼，树上仿佛已经满是桃儿、杏儿、梨儿。花下成千成百的蜜蜂嗡嗡地闹着，大小的蝴蝶飞来飞去。野花遍地是：杂样儿，有名字的，没名字的，散在草丛里，像眼睛，像星星，还眨呀眨的。"这段语言是按照"树上—花下—地上"由高到低的空间顺序写春花。《雨的四季》按照"春—夏—秋—冬"的时间顺序写雨的不同形态。《与朱元思书》是按照由水到山的顺序写富春江的风景。其中，"夹岸高山，皆生寒树，负势竞上，互相轩邈，争高直指，千百成峰"是按照由低到高的空间顺序写山势。《答谢中书书》中"晓雾将歇，猿鸟乱鸣；夕日欲颓，沉鳞竞跃"是按照由早到晚的时间顺序写自然变化。《岳阳楼记》中，"至若春和景明，波澜不惊，上下天光，一碧万顷，沙鸥翔集，锦鳞游泳，岸芷汀兰，郁郁青青。而或长烟一空，皓月千里，浮光跃金，静影沉璧，渔歌互答，此乐何极"是按照从白天到夜晚的时间顺序写洞庭湖上明丽幽美的景色。《醉翁亭记》中"环滁皆山也。其西南诸峰，林壑尤美，望之蔚然而深秀者，琅琊也。山行六七里，渐闻水声潺潺，而泻出于两峰之间者，酿泉也。峰回路转，有亭翼然临于泉上者，醉翁亭也"从全景、远景描写开始，逐步收缩视野，再用特写镜头定格醉翁亭，仿佛在引导读者寻幽揽胜，充满发现的乐趣。

③ 写景要"炼词炼句"。高明的作家写景往往能"一字传神"，收到言简义丰的效果。例如，《春》中，"小草偷偷地从土里钻出来"一句中的"钻"字，赋予小草以人的动作，让人似乎看到小草突破万难、顽强生长的精神状态，要比"长""冒"等动词含义丰富得多。"成千成百的蜜蜂嗡嗡地闹着"中的"闹"字似乎让人看到蜜蜂像小孩子一样追逐嬉闹的情景，显得蜜蜂活泼可爱，作者对蜜蜂的喜爱可见一斑，如果用"叫"只能让人感到蜜蜂叫声的吵闹。《雨的四季》"花朵怒放着，树叶鼓着浆汁，数不清的杂草争先恐后地成长，暑气被一片绿的海绵吸收着"中的"鼓"字仿佛让人看到吸满了雨水的树叶水分充足，似乎要流出来的样子，"争先恐后"写出了夏天雨后的杂草一派疯长的态势。《与朱元思书》"争高直指，千百成峰"中的"争"字和"指"字，体现了一座座山凭借高峻的地势，争着往上走，往高远处伸展，仿佛要脱离人间，直上天空，结果"千百成峰"，呈现出千姿百态的奇景。山本来是静止的，这里却有了动感，山本无生命，这里却像有着无穷的争胜之心。《答谢中书书》中的"将""欲"二字赋予景物以动态的形象，而"乱""竞"二字则打破清晨与傍晚的宁静，使得景物极具生命力。岩壁五色斑斓，用"交"字则有目眩神迷之意；竹树青翠欲滴，用"俱"则现终年常绿之色。《岳阳楼记》大量使用了双声叠韵词，如"潇湘""隐曜""满目""游泳"（以上双声），"远山""长江""万千""静影""锦鳞"（以上叠韵），具有金声玉振、回环往复的共鸣效果，形成了极强的视听冲击；大量同义词的使用，如"衔—吞""际—涯""通—极""隐—潜""啸—啼""心—神"等，使表意更加精细准确，错落有致而富于变化；大量反义词的使用，如"废—兴""朝—夕""宠—辱""喜—悲""进—退""忧—

乐"等，在对比和衬托中，增加了语言的表现力。《醉翁亭记》中用了21个"也"字，极为人称道，创造了一种灵动自然的文风，于解释说明的口吻中透着淡雅的幽默，在漫不经意的叙述中，有一股任性自得的惬意、舒卷自如的趣味。除了"也"字，本文中大量"而"字的使用，也收到了独特的表意效果。在大多数情况下，"而"字在句中起到了减慢节奏、舒缓语气、轻微转折等作用，对于创造本文的风格，功不可没。可以说，本文的虚词妙用，已到了出神入化的境地。

④ 写景要用修辞手法。修辞手法能让平淡的语言变得生动形象，能让景物的特征更加鲜明突出。例如，《春》中用了大量的比喻、拟人等修辞，语言十分鲜活，令人百读不厌。"盼望着，盼望着，东风来了，春天的脚步近了。"这句话运用反复的修辞，表达了作者盼望春天到来时的急切心情。"野花遍地是：杂样儿，有名字的，没名字的，散在草丛里，像眼睛，像星星，还眨呀眨的"一句运用了比喻的修辞手法，将野花在微风吹拂下来回摆动、明灭变化的样子写活了。"春天像刚落地的娃娃，从头到脚都是新的，他生长着。春天像小姑娘，花枝招展的，笑着，走着。春天像健壮的青年，有铁一般的胳膊和腰脚，他领着我们上前去"运用了三个比喻，构成了排比段，形象地描摹了春天给人以崭新、美丽、有力的感觉，作者对春天的热爱之情溢于言表，语言富有极强的感染力。"鸟儿将窠巢安在繁花嫩叶当中，高兴起来了，呼朋引伴地卖弄清脆的喉咙，唱出宛转的曲子，跟轻风流水应和着"运用了拟人的修辞手法，赋予鸟儿以人的动作、情态，让人感受到鸟儿在春回大地时的欢快与喜悦。《雨的四季》中"远远地望过去，收割过的田野变得很亮，没有叶的枝干、淋着雨的草垛，对着瓷色的天空，像一幅干净利落的木刻"一句运用了比喻，将亮色的田野、枯黄的枝干、湿冷的草

垛、瓷白色的天空组合在一起比喻成木刻画，将冬雨下田野里的色彩、事物的姿态、从地下到天上的高低远近的组合，写得如在眼前。《与朱元思书》"急湍甚箭，猛浪若奔"一句运用了夸张和比喻，让人想到江水疾驰而去、浪花翻滚的场景，极富画面感。《答谢中书书》中"高峰入云，清流见底"一句运用了夸张手法，写出了山峰的高耸令人望不可及。《岳阳楼记》中"衔远山，吞长江，浩浩汤汤，横无际涯"运用了拟人、夸张的手法，极言洞庭湖水势盛大、江面广阔无垠。《醉翁亭记》中"树林阴翳，鸣声上下，游人去而禽鸟乐也"一句运用了拟人，以禽鸟的欢乐衬托滁人的欢乐，物和人和谐相处，其乐融融。

⑤ 写景要用表现手法。有些文学表现手法的使用，能让景物显得摇曳多姿。例如，《春》中"花里带着甜味儿；闭了眼，树上仿佛已经满是桃儿、杏儿、梨儿"运用虚实相生的手法，实写春花竞放的美丽图景，想象果实累累的丰收景象，给人以无限遐想。"风里带来些新翻的泥土的气息，混着青草味儿，还有各种花的香，都在微微润湿的空气里酝酿。鸟儿将窠巢安在繁花嫩叶当中，高兴起来了，呼朋引伴地卖弄清脆的喉咙，唱出宛转的曲子，跟轻风流水应和着。牛背上牧童的短笛，这时候也成天在嘹亮地响。"这段写春风的语言，令人啧啧赞叹。本来风无色无味无形，很难描摹它的样态，但作者却调动了视觉、听觉、嗅觉等感官，将风写得可见、可闻、可感，使人如临其境。《雨的四季》中"它既不倾盆瓢泼，又不绵绵如丝，或淅淅沥沥，它显出一种自然、平静。在冬日灰蒙蒙的天空中，雨变得透明，甚至有些干巴，几乎没有春、夏、秋那样富有色彩。但是，人们受够了冷冽的风的刺激，讨厌那干涩而苦的气息，当雨在头顶上飘落的时候，似乎又降临了一种特殊的温暖，仿佛从那湿润中又漾出花和树叶的气息。那种清冷是柔和的，没

有北风那样咄咄逼人。"这段话将冬雨与其他季节的雨水做了对比，将南国冬雨温暖、柔和的特点写得十分传神。《与朱元思书》中"水皆缥碧，千丈见底。游鱼细石，直视无碍"这句话以游鱼细石的清晰可见，侧面衬托出富春江水的清澈见底。"横柯上蔽，在昼犹昏"以"在昼犹昏"反衬出富春山树木茂密，到了遮阴蔽日的程度。《答谢中书书》中"高峰入云，清流见底"，极力描写山之高，水之清，用笔洗练，寥寥八字，就写出了仰观、俯察两种视角，白云、高山、流水三重景物，境界清新。"两岸石壁，五色交辉。青林翠竹，四时俱备"，又改用平远的视角极目远眺，青翠的竹木与五彩的山石相映衬，呈现出一派绚烂多彩的气象，在清爽宜人的画卷上平添了万物勃发的生命力。"晓雾将歇，猿鸟乱鸣；夕日欲颓，沉鳞竞跃"，由静景转入对动景的描写。猿鸟的鸣叫声穿越了清晨即将消散的薄雾，传入耳际；夕阳的余晖中，鱼儿在水中竞相嬉戏。这四句描绘了朝与夕两个特定时间段的生物活动，为画面增添了灵动感，展现出蓬勃的生命气息。本文写景，没有仅仅停留在景物本身，而是抓住景物的灵魂，即自然万物的勃勃生机，通过高低、远近、动静的变化，视觉、听觉的立体感受，来传达自己与自然相融合的生命愉悦。《岳阳楼记》将迁客骚人"览物"的画面形成一阴一晴、一暗一明鲜明的对比，同时将迁客骚人观看到不同景物所产生的一悲一喜、一忧一乐之情也形成对比，这就有力地突出了迁客骚人"以物喜以己悲"，为写"古仁人"与作者自己"或异二者之为"张本，水到渠成地引出自己"先天下之忧而忧，后天下之乐而乐"的胸襟与抱负。《醉翁亭记》中"至于负者歌于途，行者休于树，前者呼，后者应，伛偻提携，往来而不绝者，滁人游也。临溪而渔，溪深而鱼肥，酿泉为酒，泉香而酒洌，山肴野蔌，杂然而前陈者，太守宴也。宴酣之乐，非丝非竹，射者中，弈者胜，觥筹交错，起坐而喧哗者，众宾欢也。苍颜白发，颓然乎其间者，太守醉也。"这段中的四个画面有风景画，有风物画，有风情画，场面盛大，人物众多，活动多样，这里有实写，也有作者美好的想象，虚实结合，真假相生，亦真亦幻，寄托了作者美好的政治理想。

⑥ 写景要注意句式。《春》与《雨的四季》是现代文，虽不及文言文那样句式整齐，但两篇文章都是表达作者对大自然的热爱之情，所以多用短句，偶有长句，长短不一，读起来富有音韵美。例如《春》中"小草偷偷地从土里钻出来，嫩嫩的，绿绿的。园子里，田野里，瞧去，一大片一大片满是的。坐着，躺着，打两个滚，踢几脚球，赛几趟跑，捉几回迷藏。风轻悄悄的，草软绵绵的。"这段话写小草用了"嫩嫩的""绿绿的"两个叠音词，好像两个短促的音符，朗读时要用清脆、温柔的语调，把作者对小草的怜爱之情表现出来。写人们在草地上的活动——"坐着，躺着，打两个滚，踢几脚球，赛几趟跑，捉几回迷藏"，把人的动作、姿态写得有静有动、如在眼前，短句子将作者的欣喜之情表现得淋漓尽致。《雨的四季》中，"呼吸变得畅快，空气里像有无数芳甜的果子，在诱惑着鼻子和嘴唇。真的，只有这一场雨，才完全驱走了冬天，才使世界改变了姿容"全部用短句，特别是"真的"这个词语，仿佛作者在与读者对话，用不由自主赞叹的口吻，用肯定的语气告诉读者，春雨能让天地变色，让世界改容。《与朱元思书》《答谢中书书》《岳阳楼记》《醉翁亭记》是文言文，骈散结合，长短相间，读起来给人以音乐的节奏感。《与朱元思书》《答谢中书书》都是南朝时期的小品文代表作，以四言为主，如"风烟俱净，天山共色。从流飘荡，任意东西。""山川之美，古来共谈。高峰入云，清流

见底。两岸石壁，五色交辉。青林翠竹，四时俱备。晓雾将歇，猿鸟乱鸣；夕日欲颓，沉鳞竞跃。"间以六言或长句，如"自富阳至桐庐一百许里，奇山异水，天下独绝。""实是欲界之仙都。自康乐以来，未复有能与其奇者。"读来朗朗上口。《岳阳楼记》写景，北宋诗人陈师道曾经指出："范文正公为《岳阳楼记》，用对话说时景，世以为奇。"文章记叙多用散句，写景多用偶句。散句长短错落，质朴平实；偶句两两相对，珠联璧合。文中多用四字句，具有音韵协调、语气呼应、语意互补、整齐流畅的特点。这些短句，多为平仄交替，多以平声收束，读之悠扬婉转，余音徐徐。文中还有韵脚字，具有珠圆玉润的美感，如"形""明""惊""倾""青"等，清脆而悠长；"江""汤""湘""忘""洋"等，绵长而嘹亮。《醉翁亭记》中，对偶、铺排交错、骈散结合的特征十分鲜明，大量使用对偶句，如"负者歌于途，行者休于树""前者呼，后者应"、"临溪而渔，溪深而鱼肥，酿泉为酒，泉香而酒洌"等，整齐华美，又错落有致。至于"往来而不绝者，滁人游也"与"起坐而喧哗者，众宾欢也"，"山肴野蔌，杂然而前陈者，太守宴也"与"苍颜白发，颓然乎其间者，太守醉也"，都是遥相呼应，错落成对，造成了珠联璧合、回环咏叹之美。

子任务3：比较抒情异同

（1）教师拓展文学评论知识

景物描写与作者情感之间的关系，是一个有理论支撑的学术化的问题。九年级的学生应该有一点这方面的知识积累，这能对后面开展的微讲座活动打下理论基础。教师可拓展王国维的文学评论的相关观点并对学生进行指导。

王国维是提出诗歌"境界说"的第一人。王国维说，"有我之境，以我观物，故物皆著我之色彩"，而"无我之境，以物观物，故不知何者为我，何者为物"，还说"一切景语皆情语"。对此解释如下：

① 在审美主体的观物方式上，"有我之境"采取的是"以我观物"的方式，诗人带着强烈的主观感情色彩观照外物，并将其思想情感投射或倾注到外物之上；而"无我之境"采取的是"以物观物"的方式，诗人的感情色彩融于外在事物之中。

② 在审美客体的外在呈现上，在"有我之境"中，所观之物附着上了诗人浓重的感情色彩，成为诗人情感的寄托物；而在"无我之境"中，诗人的情感则以隐蔽的状态呈现，达到物我不分、陶然相忘的境界。

③ 在美感性质的差异上，"有我之境"给人的美感是"宏壮"的，而"无我之境"给人的美感是"优美"的。所谓"无我之境"，指"我"能够保持情感的克制，不进行有意的情感宣泄，并且与外物"无利害之关系"，以内心"宁静之状态"沉浸其中，达到物我合一的化境，由此而产生一种优美感。陶渊明《饮酒》（其五）中"采菊东篱下，悠然见南山"呈现出一种与物俱化的境界。这种境界作为一种生命体验，表面上看是对外物的沉浸，实则是主体意识与客体对象之间的界限消解和对外在利害关系的审美超越。"无我之境"并非完全超脱于生命之外，而是一种对景物有着深刻感受的生命体验，是诗人与景物浑然一体，达到物我合一、天人合一、情景合一的审美境界。这种与外物无利害关系的生命体验是促成"无我之境"的关键。而所谓"有我之境"，指的是"我"带着欲望和意志观物，所写外物会附着实用的、现实利益的主观色彩，"我"的意志与外物之间形成较为强烈的争执和冲突，直到"我"暂时忘却欲望，沉醉于景色之中，"我"的意志挣脱各种欲求而获得独立之时，一种深切的壮美感才油然而生。此时，"我"

处于一种从暂时的平静中获得的审美静观状态，进而也体现出审美超越性。秦观《踏莎行》"可堪孤馆闭春寒，杜鹃声里斜阳暮"，将日暮春寒、杜鹃啼血这些悲凄之景描绘得甚为深切，给萍飘蓬转的"我"带来强烈的生命体验，从而创造出一种无限凄婉愁苦的悲壮境界，这就是一种"有我之境"。

④ 这两种审美境界也并非截然区分的，王国维曾用"意余于境"和"境多于意"来概括，认为二者虽然时常相互交错、各有偏重，但又不能有所偏废。

（2）学生对以上理论知识进行梳理，整理成思维导图，给小组的同学讲一讲。

（3）学生填写下列表格，梳理几篇文章中抒情与景物之间的关系。

角度	《春》	《雨的四季》	《与朱元思书》	《答谢中书书》	《岳阳楼记》	《醉翁亭记》
点题句子						
作者感情						
抒情方式						

《春》一文表达了作者对春天的热切呼唤，对大自然的无比热爱。但文中并未出现这样直接表达作者感情的句子或段落，作者将情感融入对春天各种景物的描写中。例如，他通过描绘"山朗润起来了，水涨起来了，太阳的脸红起来了"等自然景象，展现了春天到来时大自然的勃勃生机，同时也表达了自己对春天到来的喜悦和赞美之情。这种将情感融入景物描写的手法，一般叫作"融情入景""情景交融""物我合一"，因此可算作"无我之境"。

《雨的四季》一文与《春》的抒情方式类似，作者抓住四个季节的雨的不同特点，采用直接描绘、侧面烘托、调动感官、对比衬托等方法，将自己对四季的雨的喜爱之情毫无保留地表达出来。但在这篇文章的开头和结尾，作者均以直抒胸臆的方式进行抒情，开头写道："我喜欢雨，无论什么季节的雨，我都喜欢。她给我的形象和记忆，永远是美的。"结尾更是用饱蘸深情的笔触写出了四季的雨给自己带来的影响以及自己对雨的爱恋之情："啊，雨，我爱恋的雨啊，你一年四季常在我的眼前流动，你给我的生命带来活跃，你给我的感情带来滋润，你给我的思想带来流动。只有在雨中，我才真正感到这世界是活的，是有欢乐和泪水的。但在北方干燥的城市，我们的相逢是多么稀少！只希望日益增多的绿色，能把你请回我们的生活之中。""啊，总是美丽而使人爱恋的雨啊！"所以，这篇文章的主体部分以"无我之境"为主，开头和结尾部分是"有我之境"。

《与朱元思书》和《答谢中书书》两篇文章的抒情方式比较相似。中间部分为文章主体，描绘了作者自己的眼中之景，作者对山水的喜爱之情蕴于其中，但并没有明显的字眼直接地表情达意。但两篇文章的开头和结尾都鲜明地表露了情感。开头两位作者都对所要描摹的山水做了概括性的表达。《与朱元思书》的开头写道："奇山异水，天下独绝。"《答谢中书书》的开头写道："山川之美，古来共谈。""奇""异""独绝""美"，作者用这样的字眼高度评价了大自然山水，直接表达了自己对美好自然的审美感受，带有强烈的主观色彩。结尾处，两文分别写道："鸢飞戾天者，望峰息心；经纶世务者，窥谷忘反。""实是欲界之仙都。自康乐以来，未复有能与其奇者。"吴均面对自然美景，自述心志，表现出归隐林泉、享受美景的愿望；也有可能是在劝说朱元思，不妨放下繁杂公务，一同来欣赏这美景。陶弘景《答谢中书书》结尾的一句，含有三层言外之意：其一，康乐是"能与其奇者"，表现出作者对谢灵运的钦慕；其二，自谢灵运之后，不再有人能"与其奇"，惋惜于世人对秀美山水的无动于衷；其三，"我"是继谢灵运之后又一"与其奇者"，为自己的审美情趣而自许，期与谢公比肩之意溢于言表。由此可见，这两篇文章都以营造"无我之境"为主，兼有"有我之境"，只是"境多于意"。

《岳阳楼记》和《醉翁亭记》与上述四篇文章的抒情方式又有不同，不能简单地归于"无我之境"和"有我之境"。据史料记载，滕子京函请范仲淹为新修的岳阳楼作记，并附上一幅《洞庭晚秋图》。也就是说，范仲淹并未亲到洞庭湖。文章以写景为主，写景的内容分为两部分，一部分是作者凭借《洞庭晚秋图》和自己非凡的想象力，高度概括了在岳阳楼上所见的洞庭湖胜景："予观夫巴陵胜状，在洞庭一湖。衔远山，吞长江，浩浩汤汤，横无际涯，朝晖夕阴，气象万千。"作者写到这里，以"此则岳阳楼之大观也，前人之述备矣"一句截住，不再继续。以"然则北通巫峡，南极潇湘，迁客骚人，多会于此，览物之情，得无异乎"引出"迁客骚人"的"览物之情"，提出一个"异"字，开启下文。第二部分是写迁客骚人的眼中之景和心中之情，这是文章主要内容。第3段描绘了一幅"洞庭风雨图"："淫雨霏霏"，写阴雨连绵不断；"阴风怒号，浊浪排空"，写风大浪高，令人生畏；"日星隐曜，山岳潜形"，写风雨天的晦暗；"樯倾楫摧"，写舟船覆灭的景象；"薄暮冥冥，虎啸猿啼"，写环境的阴森恐怖。这些景物表现出迁客骚人远谪的悲苦、郁闷之情。第4段描绘了一幅"洞庭春晴图"："春和景明，波澜不惊"，写春风和煦，日光明亮，水面平静；"上下天光，一碧万顷"，写水天一色，浩瀚无边；"沙鸥翔集，锦鳞游泳"，写飞鸟与游鱼的欢快；"岸芷汀兰，郁郁青青"，写植物的繁茂；"长烟一空，皓月千里"，写湖上烟雾消散、明月朗照；"浮光跃金，静影沉璧"，写月映湖水，金色玉光；"渔歌互答"，写渔人之乐。这一段表现出迁客骚人心旷神怡、遗忘得失宠辱的乐观情怀。

虽然以上两部分写景的内容占据了文章主体，但作者意不在此，本文超越了单纯记山水楼观的文章框架，将自然界的晦明变化、风雨阴晴和"迁客骚人"的"览物之情"结合起来写。"迁客骚人"的观物之景是阴风苦雨，情则悲；观物之景是和风日丽，情则喜。作者写迁客骚人眼中的阴晴之景，是为了引出他们心中的悲喜之情，再以此引出"古仁人"的悲喜情——"不以物喜，不以己悲"，具有"先忧后乐"的伟大襟怀。"先天下之忧而忧，后天下之乐而乐"是作者假托"古仁人"的政治理念，含蓄地表达了自己的政治理想：以治国安邦为己任，忧在天下人之前，乐在天下人之后。这种"先忧后乐"的思想，是对儒家传统的"与民同乐"观念的发展，更具有居安思危的忧患意识和苦己为人的奉献精神。范仲淹借写楼记之机，规劝老友"不以物喜，不以己悲"，并以自己"先天下之忧而忧，后天下之乐而乐"的济世情怀与之共勉。因此，在内容上，作者略写楼，详写湖，概括写景，重在言志抒情，从而将全文的重心放到了畅谈政治理想方面，扩大了文章的境界。

综上所述，《岳阳楼记》的写景和抒情与上面几篇文章有明显的区别，其他几篇文章或融情于景，或直接抒情，或创设"无我之境"和"有我之境"，但《岳阳楼记》中的景物描写不是为了表现景物的特点和抒发作者对大自然的感情，而是借景物描写表达自己对"以物喜、以己悲"的眼界和心胸的不赞同，由此说明自己"居庙堂之高则忧其民，处江湖之远则忧其君"的忧民忧君之心，进而表达"先天下之忧而忧，后天下之乐而乐"的远大抱负和政治理想。可以说，这是"忘我之境"。

同样的，《醉翁亭记》中写景的文字也占了很大篇幅。第2段写山中早晚的阴晴变化，四时景物的迥然不同。作者抓住了早、晚、春、夏、秋、冬数个时间节点来写，用高度凝练、高度概括的语言表现出来。如"野芳发而幽香"写春，"佳木秀而繁阴"写夏，"风霜高洁"写秋，"水落而石出"写冬，最后用"朝而往，暮而归，四时之景不同，而乐亦无穷也"作结。第3段写滁人之游和太守之宴。这一段描写由景物转移到人事上。滁人之游，描绘了一幅太平祥和的百姓游乐图。这幅图画中，有"负者"，有"行者"，有老人，有小孩，前呼后拥，往来不绝，十分热闹。这样的游乐场景，在太守看来，就更多了一层政治清明的意味，更多了一些自信和得意。作者写宴饮之乐，故意宕开一笔，先说食物的来源——"临溪而渔""酿泉为酒"，都是就地取材，简朴而别有滋味。同样，宴饮之乐，也没有王公贵族府第的丝竹管弦，只有投壶弈棋而已。但这种山林野趣，也是朱门高第享受不到的。这里，太守的形象再次闪现："苍颜白发，颓然乎其间者，太守醉也。"以简笔勾勒出醉翁之态，可谓醉在其中，乐在其中。最后一段写日暮而归。这一段在叙事中，融入了更多议论和抒情，点出全文的主旨。"夕阳在山，人影散乱"，寥寥八个字，写出了宴罢晚归的情景，笔调闲散，淡雅而有情致。接下来写"乐"的几种情境：一是"禽鸟之乐"。大自然是禽鸟的家园，游人或许惊扰了它们的正常生活。所以当人去山空后，它们归巢之际，又和鸣林间，唱出欢乐的歌。二是游人之乐。这里强调"从太守游而乐"，可见官民关系的和谐。三是太守之乐。太守之乐的境界最高，他既知"禽鸟之乐"，又乐游人之乐；既有"同醉"之乐，又有独省之思。

由以上的分析可见，《醉翁亭记》写景，固然有展示景色优美的一面，也有醉情山水的情愫在其中，但其中还融入了大量的议论成分，主要体现了一个古代被贬官员身处逆境的平和心态、与民同乐的政治襟怀以及怡然自得的乐观精神。也就是说，与《岳阳楼记》一样，《醉翁亭记》也是"情在景外"，达到了"忘我"的境界。

（4）学生评价

学生对几篇文章的景与情的关系做了深入研究之后，对这几篇文章的"意境"做出评价。学生可以思考以下问题，帮助自己理解王国维所说的"境非独谓景物也。喜怒哀乐，亦人心中之一境界。故能写真景物、真感情者，谓之有境界。否则谓之无境界。""境界有大小，不以是而分优劣。"

① 对于六篇文章景与情之间的关系，你更欣赏哪一篇？为什么？

② 在你已经完成的写景文字后面加上一两段话表达你的感情。

③ 你觉得自己加的结尾属于哪种境界？

子任务4：撰写赏析文章

（1）老师推荐课内外的写景抒情文章，学生根据前几课所学，依据"'情景结合话散文'微讲座量化评价表"任选一篇撰写赏析文章。

推荐文章：

《记承天寺夜游》（苏轼）

《黄冈竹楼记》（王禹偁）

《丰乐亭记》（欧阳修）

《喜雨亭记》（苏轼）

（2）学生展示自己的文章，班级内选出两篇最优秀的文章，教师批改、润色。

（3）两位撰写优秀习作的学生根据修改后的文章制作课件，在班级内分享、交流。

子任务5：举行品读讲座

（1）两位优秀的习作作者到八年级进行交流。

（2）其他学生回顾整个单元的学习内容，对照下列问题反思自己的学习情况：

① 对于写景散文从哪些角度进行赏析或写作，我了解了多少？

② 关于散文或诗歌的"境界"的理论知识，我知道的有哪些？

③ 我写的赏析文章为什么没有被评为优秀？哪些地方需要改进？

"让唐雎走上舞台"跨学科
大单元教学设计

跨学科学习是几个学科的叠加还是以某一学科为基点整合其他学科？下面展示的跨学科学习案例回答了这个问题。

一、单元教学内容

《唐雎不辱使命》《屈原（节选）》《天下第一楼（节选）》《枣儿》《〈武松打虎〉剧本》《〈虎妞闹寿棚〉剧本》及九年级上册第六单元写作《学习改写》。

二、单元主题

在忠于原作内容的基础上，通过改变文体、语体和叙述角度等，进行"再创作"。

三、单元分析

1.《课程标准》分析

《课程标准》指出：义务教育语文课程培养的核心素养，是学生在积极的语文实践活动中积累、建构并在真实的语言运用情境中表现出来的，是文化自信和语言运用、思维能力、审美创造的综合体现。在第四学段的"阅读与鉴赏"目标部分提出：了解诗歌、散文、小说、戏剧等文学样式。阅读浅易文言文，能借助注释和工具书理解基本内容。注重积累、感悟和运用，提高自己的欣赏品位。"表达与交流"目标部分提出：能根据文章的基本内容和自己的合理想象，进行扩写；能变换文章的文体或表达方式等，进行改写。将文言文改写成戏剧，正是课标中提出的"变换文章的文体，进行改写"。在改写过程中，要对文言文和剧本进行阅读和了解，这也符合课标要求。

2. 教材分析

九年级上册第六单元的作文训练为"改写"，其中有一种方法就是改变文体。在教材《学习改写》的讲解里还提到"改写时常常会用到扩写和缩写的一些方法，可以根据需要灵活选用"。讲解后的写作实践三就是将小说改写成戏剧。九年级下册第一单元的作文训练为"扩写"，其中提到对记叙性的文章可以"补充情节和细节，增加对人物、环境的描写等"，这一点与改写的要求具有一致性。九年级下册第五单元为"活动·探究"单元，其中的任务二提到排练，任务三提到演出。改写《唐雎不辱使命》融合了文言文学习与改写、扩写的作文训练，同时形成跨学科学习。

根据以上的分析，按照"认知—理解—编写—排练和演出"的逻辑思路，本单元分为四个子任务，构成单元任务链：

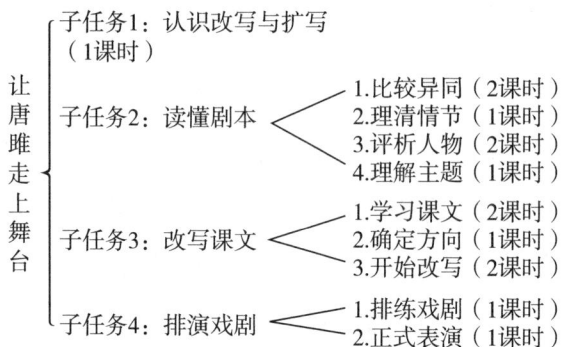

```
                ┌ 子任务1：认识改写与扩写
                │ （1课时）
                │                        ┌ 1.比较异同（2课时）
  让            │ 子任务2：读懂剧本 ──── │ 2.理清情节（1课时）
  唐            │                        │ 3.评析人物（2课时）
  雎            │                        └ 4.理解主题（1课时）
  走 ───────────┤                        ┌ 1.学习课文（2课时）
  上            │ 子任务3：改写课文 ──── │ 2.确定方向（1课时）
  舞            │                        └ 3.开始改写（2课时）
  台            │
                └ 子任务4：排演戏剧 ──── ┌ 1.排练戏剧（1课时）
                                         └ 2.正式表演（1课时）
```

3. 学情分析

学生此前并未接触过戏剧，也没有练习过改写和扩写，更没有尝试过自己改编剧本并在舞台上演出，所以这一切对学生而言都非常新奇。正因为是新鲜事物，所以学生有大胆尝试的兴趣，对如何创编戏剧充满了好奇。对他们来说，《唐雎不辱使命》的文意理解不是难事，但精准地把握唐雎和秦王的形象有一定难度，而这是后面改写和表演的基础，所以要重点研读。剧本的特点是什么？改写和扩写的原则是什么？对初次练习的学生来说，这些理解起来不难，但真正操作起来并不容易，所以需要学生充分领悟，并且在创作之后反复修改。

四、单元目标

素养目标
1. 在准确、顺畅翻译两篇文言课文的基础上，能够分析、概括文言文中的情节、矛盾冲突、人物形象
2. 能够在阅读几篇剧本的基础上，整合概括出剧本在形式和内容上的突出特点；能够运用改写和扩写的技巧，根据课文内容创编剧本；能够在改写过程中概括出人物的形象特征

续 表

3. 在排练和表演戏剧的过程中对中国古代"士"的风骨做出自己的评价，增强文化自信，激发对战国时期文化的好奇心和求知欲

单元大概念	具体单元目标
大概念1：改写，就是在忠于原作内容的基础上，通过改变文体、语体和叙述角度等，进行"再创作"。扩写是对本来较为简略、概括的文章或片段加以扩展、补充，使之成为篇幅更长、内容更充实的文章的写作方式。二者都服务于特定的需要，有助于培养文体意识，提高写作能力，还有助于更深入地把握原作	1. 对改写和扩写的基本特征及基本原则有清晰的认知 2. 对不同文体、语体、叙述角度的切换能举例解释说明 3. 对改写和扩写有积极尝试的愿望
大概念2：剧本中的对话和独白是表现故事情节和人物性格的核心内容；舞台提示能够说明时间、地点、人物形体及内心，还能说明布景、音响等要求。剧本的结构一般包括开端、发展、高潮、结局。编写剧本的目的是指导演出	1. 阅读课内外的几个剧本节选，能归纳出剧本与以往学过的文章在形式和内容上有哪些异同 2. 能分析出剧本中的人物性格及其表现的方式 3. 能指出作品中的矛盾冲突及其发展过程 4. 对剧中人物和作者的写作手法发表自己的辩证看法
大概念3：将作品改成剧本，需要在人物形象、矛盾冲突、故事发展几方面满足戏剧的基本特征，这样才有可能改写成功	第一阶段目标： 1. 在熟读《唐雎不辱使命》，翻译课文，理解文章的意思基础上，分析唐雎和秦王两个人物形象，找出文中的矛盾冲突及其发展过程 2. 能通过写鉴赏文字的方式表达自己对唐雎和秦王的形象的看法
	第二阶段目标： 1. 确定《唐雎不辱使命》改编时"变"与"不变"的内容并说明依据 2. 确定舞台说明部分的写作内容；确定人物对白的内容并说明依据 3. 能对照"改写评价量表"进行创作和修改

续 表

单元大概念	具体单元目标
大概念4：好的历史戏不仅让人了解当时的人物风貌，还能给人以文化上的熏陶	1. 通过查阅资料，对战国时期的"坐"礼、服饰、秦国的宫廷布置等加以表现，尽量做到尊重史实 2. 能够查阅并了解有关战国末期的一些文化现象，在音乐、美术、语文、历史等学科老师指导下排练 3. 能够在舞台上自信地表演，让观众对古代"士"的形象及战国末期的一些文化现象有深刻的印象 4. 在整个编剧、排练、演出的过程中，锻炼与人交往、合作的能力，体验到协同各方完成一个项目的成就感

五、单元基本问题

怎样才能改写出优秀的剧本？

六、单元评价任务

学校将在十二月份的校园戏剧节上组织九年级各班演出课本剧。按照惯例设置了两个奖项，一个是"优秀编剧奖"，一个是"优秀演员奖"。我们班要改编和演出的是《唐雎不辱使命》独幕剧。让我们拭目以待，看看今年戏剧节的两项大奖能不能花落"我"家。

七、评价量化标准

《唐雎不辱使命》改写成剧本的量化标准：

评价维度	指标描述	得分（满分100）
给导演的提示	导演根据剧本能清楚地指导舞台布景和道具的使用方法	20~25分
	导演看了剧本发挥想象才能布置布景和使用道具	10~19分
	完全没提到舞台布景和道具	0~9分

评价维度	指标描述	得分（满分100）
给演员的提示	演员根据剧本能清楚地做出动作和表情	20～25分
	演员看了剧本发挥自己的想象才能做出动作和表情	10～19分
	演员看了剧本不知道做什么动作和表情	0～9分
关于人物形象	舞台说明和台词能准确地表现人物性格特征	20～25分
	舞台说明和台词模糊地表现人物的性格特征	10～19分
	舞台说明和台词错误地表现人物的性格特征	0～9分
关于想象	人物台词或舞台说明有合理想象的内容	20～25分
	人物台词或舞台说明没有任何想象，只是翻译课文	10～19分
	人物台词或舞台说明加进的想象与时代或人物性格不吻合	0～9分

《唐雎不辱使命》演出的量化标准：

评价维度	指标描述	得分（满分100）
关于人物形象	演员将原文中人物的形象表演得很逼真	20～25分
	演员的表演与原文中人物的形象有一定差距	10～19分
	演员的表演完全不符合原文中的人物形象	0～9分
关于主题	演员的表演没有偏离原文的主题	20～25分
	演员的表演与原文的主题有一定差距	10～19分
	演员的表演完全不符合原文的主题	0～9分
关于想象	加进的想象突出了人物形象	20～25分
	加进的想象对塑造人物形象意义不大	10～19分
	加进的想象削弱了人物形象	0～9分
关于布景、道具、服装、化妆等	与战国末期的文化比较贴合	20～25分
	与战国末期的文化有一定差距	10～19分
	完全不符合战国末期的文化特点	0～9分

八、单元过程设计

子任务1：认识改写与扩写

教材的要求如下：

1. 学生阅读九年级上册第六单元写作《学习改写》，总结出改写的基本方法：一是可以改变文体，比如将诗歌改写成散文，将小说改写成剧本；二是可以改变语体，比如将文言文改写成现代白话文，把书面语改成口语；三是可以改变叙述角度，比如将第一人称改成第三人称，或将顺叙改为倒叙、插叙。总之，可以从各个角度进行改写。

2. 学生总结改写的基本原则：一是要以原作为基础，不能背离原作"戏说"，这就要求在下笔前深入体会原作，把握其内容和精神。当然，改写不是原封不动地照搬，要根据改写的目的，进行适当的再创作。比如，将情节复杂、人物众多的长篇小说改编为戏剧或影视文学剧本，往往就会简化情节，缩减场面，突出主要人物的活动；把古典文学名著改写成通俗的少儿读物，就要选择恰当内容，简化故事情节，用浅近易懂的语言来讲述。二是改写时，要注意行文的协调，注意避免人称不统一和情节上的混乱。比如，改写后的文章是用第三人称写的，就要避免混入第一人称的叙述；如果改变了原作的记事顺序，就要精心安排叙事结构，还要有适当的过渡。

3. 学生阅读九年级下册第一单元写作《学习扩写》，总结出扩写的基本原则：首先要忠于原文。要准确理解原文的中心思想，把握原文的主要内容，在此基础上发散思维，大胆创造，为原文"添砖加瓦"。二是找准扩写点。一篇文章里，并不是每句话、每段文字都需要扩写，不要平均用力，而要根据表达中心的需要，选择、确定适合的点，有针对性地进行扩写。第三，不同体裁的文章，扩写的着重点不同。在翻译或改编记叙性文章时，要忠于原文的中心思想和人物形象，补充情节和细节，增加对人物、环境的描写等。

子任务2：读懂剧本

1. 分析、归纳剧本特点

学生阅读九年级下册第五单元的三篇课文以及《〈武松打虎〉剧本》《〈虎妞闹寿棚〉剧本》，分析、归纳出剧本与以往学过的文章在形式和内容上有哪些不同与相同之处，指出各部分的作用。剧本，是戏剧演出的文本依据。在戏剧实践领域里，剧本是戏剧活动的基础和起点。戏剧分独幕剧和多幕剧。剧本主要由剧中人物的对话、独白、旁白和舞台提示组成。舞台提示主要是以剧作者的口气来写的叙述性的文字说明，包括交代剧情发生的时间、地点，对剧中人物的形象特征、形体动作及内心活动的描述，对场景、气氛的说明，以及对布景、灯光、音响效果等方面的要求。

例如，《屈原（节选）》中靳尚和郑詹尹先后出场，二人展开对话，讨论的话题是如何处置屈原。靳尚策划了恶毒的阴谋，郑詹尹虽然有所疑虑，但最终还是下定了决心。屈原随后出场，用独白的形式，对风、雷、电进行了一番热烈的颂歌。屈原在独白中展示出的光明、磊落、冲破黑暗、睥睨一切的胆识和勇气，与前面靳、郑二人的猥琐、阴暗、奸诈形成鲜明的对比。两人的密谋、对话，把他们和屈原的矛盾冲突推到顶点，既引出屈原的出场，也为后续情节的展开奠定基础。

再如，《屈原（节选）》中以屈原大段大段的独白为主要内容。独白是人物直抒胸臆、直接流露内心深处思想感情的一种戏剧艺术表现方法。课文中的这几段抒情独白实际上是一首激情澎湃的诗，它气势雄伟，抒情意味浓厚，具有极强的感染力。比如从"风！你咆哮吧！"到"把这包含着一切罪恶的黑暗烧毁了吧！"诗人呼唤与歌颂风、雷、电这些伟大的自然力，表达了对黑暗的愤激和对光明的礼赞与向往。风、雷、电象征了人世间追求正义、光明的力量。在"比铁还沉重""比铁还牢固"的黑暗、阴惨的现实面前，诗人充满了强烈愤懑，忧虑祖国的前途命运。所以他热切地祈求咆哮的风、闪耀的电、爆炸的雷这些宇宙中的"伟大的艺人们"，以变革现实的伟大力量，把黑暗的世界"爆炸""劈开"，从而创造一个"没有阴谋、没有污秽、没有自私自利"的世界，迎来"没有限制的自由"和灿烂炫目的"光明"。他把"电"这一宇宙的长剑化作自己"心中的长剑"。在奇丽的联想中，主体和客体、人和自然力合二为一，表达了对光明的热烈追求，显示了摧毁一切黑暗的愤激情绪和斗争决心。

另外，《屈原（节选）》中的舞台说明交代了戏剧冲突发生的场景、时间、地点，当时的自然环境以及剧情的发展背景。时间是在午夜已经过去，黎明尚未到来的时候。地点是一个阴森可怖的庙宇正殿，神像林立，气氛压抑。自然景象是雷电交加，狂风大作，黑夜在颤抖。这段文字还描述了屈原的形象，他手足戴着刑具，颈上系有长链，穿着"玄衣"，披发，但大义凛然，目含怒火，坚贞高傲。

2. 对戏剧的矛盾冲突和情节结构加深认识

用表格或思维导图的形式理出戏剧中故事的发展线，对戏剧的矛盾冲突和情节结构加深认识。例如，《天下第一楼（节选）》的故事情节梳理如下：

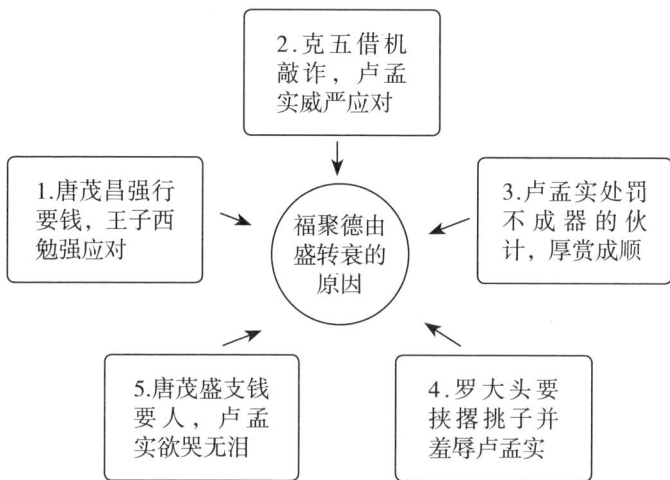

《虎妞闹寿棚》的故事情节梳理如下：

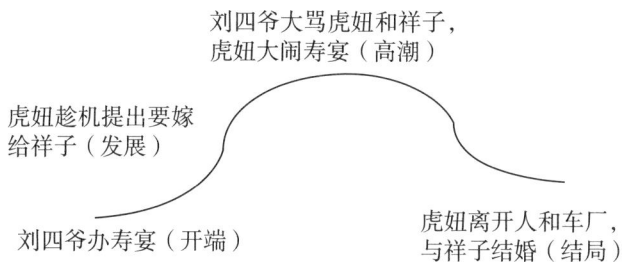

刘四爷大骂虎妞和祥子，
虎妞大闹寿宴（高潮）

虎妞趁机提出要嫁
给祥子（发展）

刘四爷办寿宴（开端）

虎妞离开人和车厂，
与祥子结婚（结局）

3. 理解人物的内心活动

通过人物的言行，可以理解人物的身份、性格、思想、感情，特别是要理解人物的内心活动。学生先分角色朗读，再对剧本中的人物形象写赏析性的文字（每个人物不少于100字），对人物形成自己的理解。例如：

《天下第一楼（节选）》中卢孟实这个人物是一个挣扎奋斗在底层的悲壮英雄形象，出身"五子行"，生性聪慧，有理想和抱负。他的志向是过上体面的生活，尽管这不是什么远大的志向，但符合他的身份和时代文化特点。为了实现这个目标，他殚精竭虑，勤奋努力，精通经营之道，善用各种计谋，如改良菜式、巧用金戒指作手彩、用黄土蒙混要账众人、设计让罗大头激怒大掌柜等，体现出他的精明善谋。对待伙计，他恩威并施，善待手下，及时送去资金补贴其家用，主动留下竞争对手的伙计，不计前嫌保下罗大头，这些都体现出他侠义的一面。同时，他也有威严的一面，如面对犯了店规的小伙计，他不顾情面进行处罚，王子西因疏忽造成了店铺的损失，也要给予赔偿。尽管他一辈子追求获得尊严，活得体面，但在当时的社会文化中，无论他怎样努力，也改变不了他的出身，他的地位和财富如过眼云烟，最终落得黯然回乡的结果。

再如，《武松打虎》的故事，不仅展示了武松的英雄气概，还深刻揭示了他的性格特点：

武松开始对店家的好言相劝完全没放在心上，执意喝了十八碗酒，还执意要夜晚过冈，体现他不轻信于人、过于自负的性格；武松面对猛虎时，没有退缩，而是勇敢地与之搏斗，最终将其击败，体现其勇猛刚强；在打虎过程中，武松不仅展现了极大的勇气，还非常细心，如在攻击前会仔细观察老虎的状态，确保行动的安全，可看出其胆大心细；在与老虎的搏斗中，武松多次巧妙地躲避老虎的攻击，显示出他机警和精细的一面；武松能够利用周围的环境和工具（如树枝和石头）来对抗老虎，显示了他的智谋和策略；在打虎后，武松没有忘记帮助过自己的店家，这表明他有恩必报的性格。这些性格特点使得武松成了《水浒传》中一个深受读者喜爱的角色。

4. 无论何种体裁的作品，都要表达主题

戏剧通过塑造人物来表达作者对人生、对社会的深刻思索。学生可以通过自主学习、小组合作的形式，探究作品的主旨。例如：

《枣儿》这个剧本感人至深地描写了老人对儿子和男孩对父亲的亲情，老人与男孩之间真挚的感情，以及老人对以往岁月的怀念。剧本既表现了深挚强烈的至爱亲情，也反映了家庭形态的巨大变化；既表现了对以往岁月的怀念，也反映了社会变革的必然趋势；既表现了人们对传统的依恋、对精神家园的寻求，也反映了传统的失落、精神家园的失落。其中有迷茫，也有清醒；有困惑，也有企盼；有对往昔的眷念，也有对未来的呼唤。可以说，剧本的思想内涵十分丰富，对其主旨也可以有多样化的理解：剧本表现了感人至深的亲情，也表现了老一辈的深厚乡情；反映了当今社会家庭关系的变化，呼唤人们的温暖亲情和心灵沟通；反映了现代化过程中，青壮年离开乡土、老人孩子留守家园的农村状况；表现了社会变革时期传统的失落、精神家园的失落，以及人们对传统、对精神家园的追寻；表现了社会的深刻变迁，企盼和呼唤人们认识和适应时代发展带来的变化，走出家园，走出封闭，走出传统，迈进现代社会的新生活……这些都是剧本思想内容的应有之义。

子任务3：改写课文

1. 熟读《唐雎不辱使命》，翻译课文，理解文章的意思

（1）学生根据注解朗读课文，教师校正难字的读音。

唐雎（jū）　佛（fú）然怒　免冠（guān）　徒跣（xiǎn）　以头抢（qiāng）地　休祲（jìn）　天下缟（gǎo）素　秦王色挠（náo）

（2）根据句子的意思读准下列句子的断句。

A. 寡人/欲以五百里之地/易安陵

B. 且/秦/灭韩亡魏，而君/以五十里之地存者

C. 公/亦尝闻/天子之怒乎

（3）理解下面加点词语的意思。

A. 寡人欲以五百里之地易（交换）安陵，安陵君其（表示祈使语气）许（答应）寡人！

B. 虽然（虽然如此），受地于先王，愿终守之，弗敢易！

C. 今吾以十倍之地，请广（增广，扩充）于君，而君逆（违背）寡人者，轻寡人与？

D. 夫韩、魏灭亡，而安陵以五十里之地存者，徒（只，仅仅）以有先生也。

（4）学生可以同桌互读，也可以分角色朗读课文，注意下列加点词语的语气。

A. 安陵君不听寡人，何也？（疑问）

B. 此庸夫之怒也，非士之怒也。（陈述）

C. 虽千里不敢易也，岂直五百里哉？（反问）

D. 大王尝闻布衣之怒乎？（疑问）

E. 与臣而将四矣。（陈述）

（5）小组合作，翻译全文，不会的地方请教老师。

秦王派人对安陵君说："我要用方圆五百里的土地交换安陵，安陵君一定答应我！"安陵君说："大王给予恩惠，用大的交换小的，很好，虽然如此，但我从先王那里接受了封地，愿意始终守护它，不敢交换！"秦王不高兴。安陵君因此派唐雎出使秦国。

秦王对唐雎说："我用方圆五百里的土地交换安陵，安陵君不听从我，为什么呢？况且秦国灭亡韩国和魏国，而安陵君却凭借方圆五十

里的土地幸存下来，是因为我把安陵君看作忠厚长者，所以不打他的主意。现在我用十倍的土地，让安陵君扩大领土，但是他违背我的意愿，是轻视我吗？"唐雎回答说："不，不是这样的。安陵君从先王那里接受了封地而守护它，即使是方圆千里的土地也不敢交换，哪里只是用五百里的土地（交换）呢？"

秦王气势汹汹地对唐雎说："你曾听说过天子发怒吗？"唐雎回答说："我未曾听说过。"秦王说："天子发怒，横尸在地百万，血流千里。"唐雎说："大王曾经听说过平民发怒吗？"秦王说："平民发怒，也不过是摘掉帽子、光着脚，用头撞地罢了。"唐雎说："这是平庸无能的人发怒，不是有胆识有才能的人发怒。从前，专诸刺杀吴王僚的时候，彗星的尾巴扫过月亮；聂政刺杀韩傀的时候，白色的长虹穿日而过；要离刺杀庆忌的时候，苍鹰扑在宫殿上。这三个人都是平民中的勇士，他们心里的愤怒没发作出来，上天就降示征兆。（现在，专诸、聂政、要离）加上我，将变成四个人了。如果有胆识有才能的人要发怒，就要让两个人的尸体倒下，血流五步远，全国人民都要穿白色丧服，今天就是这样。"（于是）拔出宝剑站起来。

秦王面露胆怯之色，直身跪着，向唐雎道歉："先生请坐！怎么会到这种地步！我明白了：韩国、魏国灭亡，而安陵国却凭借五十里的土地幸存下来，只是因为有先生啊。"

（6）在理解文意基础上，学生再读课文，特别是唐雎正面回击的一大段话，速度逐渐加快，语气斩钉截铁，气势越来越强，直至"挺剑而起"达到顶峰。

（7）学生填写"鱼骨图"，理清故事情节及矛盾冲突。

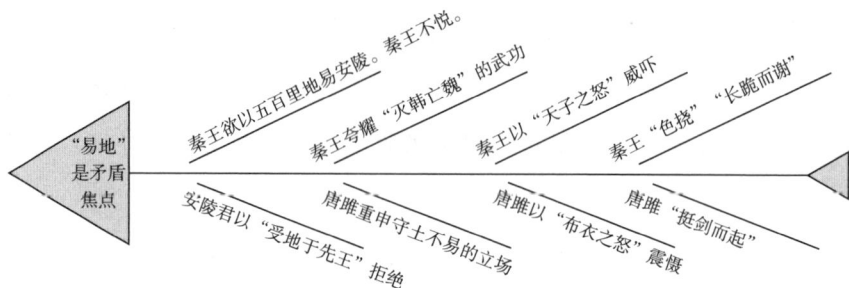

秦王欲以五百里地易安陵。秦王不悦。

秦王夸耀"灭韩亡魏"的武功

秦王以"天子之怒"威吓

秦王"色挠""长跪而谢"

"易地"
是矛盾
焦点

安陵君以"受地于先王"拒绝

唐雎重申守土不易的立场

唐雎以"布衣之怒"震慑

唐雎"挺剑而起"

（8）学生参照课后第二题，选择两处唐雎的语言描写进行分析，每处不少于80字。例如：

唐雎是一个有胆有识的外交使臣，面对强悍的秦王，他英勇无畏，应对自如。当秦王以"逆寡人""轻寡人"相责难时，唐雎立即加以否定。他先重申安陵君的立场，再以"虽千里不敢易也，岂直五百里哉"一语，表明守土的坚定信念，同时激怒秦王，先发制人。当秦王问他有没有听说过"天子之怒"时，他却以"臣未尝闻也"轻轻带过，故作不知，显示出极大的蔑视和自信。他非但没有被秦王吓倒，反而针锋相对，提出"布衣之怒"压制对方。通过一番慷慨陈词，以古证今，并且"挺剑而起"，最终让秦王屈服，表现出不畏强暴、英勇斗争的士人品质。

秦王对"布衣之怒"的歪曲和丑化，激起了唐雎的义愤。唐雎首先将秦王的描述斥为"庸夫之怒"，然后又将"布衣之怒"精确地调整为"士之怒"，强调了"士"阶层强大的精神力量和行动能力。他不无夸张地把"彗星袭月""白虹贯日"等自然界中的奇异现象与刺客行为联系起来，增强了"士之怒"的威慑力量。与其说秦王是被唐雎的利剑吓倒的，不如说是被唐雎慷慨激昂的气势压垮的。唐雎对刺客群体的自我认同，以及他所表现出的斗争精神，最终让秦王屈服。

（9）学生参照课后第一题，通过秦王态度的变化分析其人物特征。例如：

本文描写秦王情绪变化的词语有"不说""怫然怒""色挠"三处。这些词语，如同一条暗线，串联起秦王情绪的变化。当安陵君委婉地拒绝了秦王使者易地的欲求后，秦王"不说"，表现出极为不满的情绪；唐雎重申安陵君的立场，坚决表示不易地，让秦王侵吞安陵国的野心再一次受到打击，所以秦王"怫然怒"；当唐雎的"布衣之怒"战胜了秦王的"天子之怒"时，"秦王色挠"，神情沮丧，完全失去了唯我独尊的威严。秦王情绪的变化，是对安陵国君臣坚强不屈、英勇斗争行为的反应，他从"不说"到"怒"，最后面露胆怯之色（色挠），从自以为是、不可一世到赔礼道歉，情绪经历了一个大起大落的过程，颇富戏剧性。秦王的语言则表现出他性格的多面性，如"其许寡人""不听寡人"，可见他的盛气凌人；"以君为长者，故不错意也"，可见他的虚情假意；说"天子之怒"，可见他的强悍残暴；说"布衣之怒"，可见他的狂妄无知。而"色挠"之后的一番话，又显示出他随机应变、阿谀奉承的一面——为了摆脱困境，他变成了一个很会说话、很会讨好的人。

2. 师生共同制定写作量化标准

确定《唐雎不辱使命》改编时"变"与"不变"的内容；确定舞台说明部分的写作内容；确定人物对白的内容。师生共同制定写作量化标准。

（1）学生对照之前所学的"改写"和"扩写"的原则，确定《唐雎不辱使命》不能改变和可以改变的内容；不能改变的是唐雎和秦王的性格、形象特征，还有本文所表现出的主题——对战国时期"士"阶层的肯定，对秦以强凌弱的霸权行为的讽刺。可以改变的是语体——文言文改成现代文，还有文体——国别体史书改成戏剧。另外，可以在"故事背景""人物对话""人物动作"等方面加以扩充。

（2）"舞台说明"部分可以交代历史背景、布景道具、人物服装和动作表情等内容，特别是布景道具、人物服装在条件允许情况下，要遵循历史事实。例如战国末期"椅子"还没有进入中原，人们都是席地而坐，而且在宫廷都以"跪坐"为主；秦国的服装以"黑"为尊；等等。此类的文化知识要有一定体现。

（3）"人物对白"以文章内容为主，但可以在遵循"不改变人物形象"的原则下加进一些对话，目的是更加突显人物的特点，也可以加进"独白"，以使人物性格更加鲜明。

（4）学生要明确，剧本是写给导演和演员用的。导演用剧本指挥剧组的工作，演员根据剧本决定表演方式。既然如此，剧本编写的优劣就要从"给导演的提示""给演员的提示"两大方面进行衡量。另外，戏剧的核心就是表演出人物的精神内核，改编的作品有想象的成分，必然也要为突出人物服务，所以衡量标准也应该加上"人物形象"和"想象"两个维度（"《唐雎不辱使命》改写成剧本的量化标准"见前面第七部分）。

3. 改写《唐雎不辱使命》，然后按照"评价量表"自改、小组互改，班内交流优秀作品

择优选录学生作品如下：

《唐雎不辱使命》剧本

学生一

（旁白）秦王想以五百里地换取安陵，目的是借机吞并安陵。安陵君拒绝了秦王，秦王不悦，唐雎临危受命出使秦国。

（幕启）秦宫内，灯火通明。秦王吃喝享乐，舞女跳舞助兴。

太监：（急冲冲走进）报——安陵使者唐雎要面见大王。

秦王：（眉头皱了几分，随即拍了两下手）你们都下去吧。

唐雎走入宫中，到秦王面前拱拱手，然后坐下。

秦王：（手中把玩着宝珠，眼睛一直看着手中的宝珠）寡人用五百里的土地换你们安陵，安陵君却不听从我。我们大秦，灭了韩国与魏国，但安陵却凭借方圆五十里的土地幸存下来，因为寡人一直将安陵君视为一个长者，所以不想用武力解决。现在寡人以十倍的土地来扩大你们安陵，可你们不领情，是看不起寡人吗？

唐雎：（气定神闲，抬起头，直视秦王）大王言重了！并非您说的这样，安陵君从先王那里接受了封地，发誓要守护它一辈子，即使是方圆千里的土地都不敢交换，更何况是五百里土地呢！

秦王：（眼睛缓缓转向唐雎，停止把玩手中的宝珠，狠狠地甩了一下袖子，冷笑一声）你，听说过天子发怒吗？

唐雎：（脸色从容镇定）臣未曾听说过。

秦王：（站起来，缓缓走到唐雎面前，怒目圆睁，提高音量）你未曾听说过，那就让我来告诉你！天子发怒的时候，死尸堆积成山，血流成河！

唐雎：（从容的脸上突然添了几分狠劲与怒气，也提高音量）大王，（停顿一下）您听说过布衣之怒吗？

秦王：（不屑地看着唐雎）哼！布衣之怒？不过是扔掉帽子，光着脚，用头撞地罢了！事到如今，你要给寡人表演布衣之怒吗？哈哈哈哈。

唐雎：（脸上闪过一丝愤怒之色）大王，您错了！（直起身，上身缓缓逼近秦王）您所说的，是平庸的人发怒的表现，有才能、有胆识的人发怒并不是这样子。

秦王：（返回座位，嘲弄地看着唐雎，挑衅地将身子微微倾向唐雎）哼，那又怎样？

唐雎：（脸上闪过一丝决绝和自信）专诸刺杀吴王僚时，彗星的尾巴扫过月亮；聂政刺杀韩傀时，白色的长虹穿日而过；要离刺杀庆忌时，上天也降下了征兆。天下的武士就是这样勇猛！今天，再加上我可就是四个人了。布衣发怒，倒下的人不多，只有两个；流的血也不远，只有五步。只是，布衣一发怒，天下人都要穿丧服了。今天我就要大王看看布衣之怒！（从腰间拔出宝剑，同时猛地站起身）

秦王：（脸色由红变白，又由白变红，汗水从额头渗出。直起身）先生，有话好说，有话好说。我在跟先生开玩笑，先生怎么认真起来了？（满脸堆笑）这下我终于知道了，韩、魏都灭亡了，唯独安陵以五十里地保存下来，只是因为安陵有先生您啊！

（二人定住。灯光渐黑。幕落。）

《唐雎不辱使命》剧本
学生二

人物：唐雎、秦王

（旁白）战国时期，秦国灭掉了韩、魏两国。安陵是魏国的一个小属国。秦国此前用"六百里变六里"的把戏骗了楚国，这次，又想以"五百里地易安陵"的招数轻松骗取安陵，没想到安陵君却以"受地于先王，愿终守之"的理由拒绝了。秦王不悦。大战一触即发。唐雎奉命出使秦国。

（幕启）唐雎走进秦殿，与秦王相对而坐。

秦王：（缓缓抬眼）你就是安陵派过来的使者？（上下打量唐雎）

唐雎：（恭敬地抱拳）是的，大王。

秦王：我承诺用方圆五百里的土地换你们安陵，可你们的安陵君居然不答应，这是什么意思呢？（语气上扬）况且我大秦已灭韩亡魏，但安陵却凭着区区五十里地幸存下来，（轻蔑地看着唐雎）是因为我把安陵君当成长者，不打他的主意罢了。现在我用十倍的土地跟他换，他却推三阻四，这是不给我面子吗？（恶狠狠地盯着唐雎，手指头指着自己的鼻子）

唐雎：（面对威胁和质问镇定自若，对答如流）不是这样的，大王。安陵君是接受了祖先传下的土地，奉命要守护好它。千里的土地也不能交换，更何况是五百里。（微微侧头）

秦王：（唐雎话音刚落，秦王皱眉，声音陡然提高）先生听说过天子发怒吗？（下巴微微抬起）

唐雎：（不动声色）不瞒您说，我没听说过。

秦王：（眼露凶光）天子发怒，会倒下百万人，流血千里。（大手在唐雎眼前一挥）

唐雎：（声音冷静）大王，您可曾听过布衣发怒吗？

秦王：（挑眉，嗤笑，拉长尾音）听说过，不就是摘了帽子，光着脚，用头往地上撞吗？这有什么稀奇！

唐雎：（目光逐渐坚定，声音铿锵有力）您说的是平庸的人发怒的表现，不是有胆识、有才能的人发怒的表现。专诸刺杀吴王僚的时候，彗星的尾巴扫过月亮；聂政刺杀韩傀的时候，白色的长虹穿日而过；要离刺杀庆忌的时候，苍鹰扑到宫殿上。（秦王皱眉）（唐雎死死盯住秦王）这三人都是来自百姓的有胆识、有才能的人，他们心中的愤怒没发出来，上天就降下征兆。（唐雎缓缓挺直了腰）（秦王面露惊疑之色）（唐雎咬牙切齿）加上我，就有四个这样的人了。有才能、有胆识的人发怒，倒下的人只有两个，流的血只有五步远，老百姓都要穿上丧服，（秦王倒吸一口凉气）今天就是这个日子！（唐雎抽剑起身，用剑抵住秦王胸口）

秦王：（直起身子，双手颤抖，满脸通红）先生快请坐！怎么会到这种地步！寡人明白了，安陵之所以安然无恙，只是因为有先生您在啊。（侧过脸喊）来人！上好酒好菜，我要陪先生大喝一顿！

（幕落）（旁白）唐雎凭着过人的胆识，不畏强暴的品性，不辱使命。

《唐雎不辱使命》剧本
学生三

秦国宫殿里，秦王高高在上地坐着，批阅手中的文书。

侍从：（小碎步快速到殿前）报！安陵国使臣来访。

秦王：（手中的笔一顿）宣。（又低头批阅）

侍从：宣安陵国使臣！（退下）

唐雎：（不紧不慢走到殿前，作揖行礼）拜见大王。

秦王：（仍无停笔的意思）寡人用五百里的土地去换安陵，可你们安陵君却不听从，这是为什么？（抬眼，锋利的眼神扫过唐雎）

（唐雎静静听着，并未作声，脸色平静）

秦王：更何况我大秦灭了那韩、魏两国，安陵这样的小国凭五十多里地幸存，（略带威胁与不屑）只是因为寡人待安陵君如忠厚的长者，所以不打他的主意。（提高音量）现在我用安陵十倍的土地，让安陵扩

大领土，安陵君却悖逆寡人，这是瞧不起寡人吗？（摔笔）

唐雎：（缓缓开口，还带着笑，语气却沉着坚定）并不是这样的。安陵君从先王那继承了土地，便有责任守护它，就算是方圆千里的土地也不敢交换，更何况这仅仅五百里的地呢？

秦王：（怒目紧瞪唐雎，大力拍打案桌，青筋暴起）区区五十多里的小国却一再忤逆我，先生可曾听过天子发怒的后果？

唐雎：（淡淡地看着秦王，站得端正而不失礼节）臣未曾听说过。

秦王：（恶狠狠的语气）天子发怒时，百万人的尸体倒下，血流千里。

唐雎：（反而笑了起来，慢悠悠地）大王可曾听说过百姓发怒？

秦王：（满脸不屑）百姓发怒又怎样，不过是摘帽光脚，以头撞地罢了！

唐雎：（摇摇头）大王说的是平庸无能的人发怒的表现，不是有胆识、有才能的人发怒的表现。专诸刺杀吴王僚时，彗星尾巴扫过月亮；聂政刺杀韩傀时，白色长虹穿日而过；要离刺杀庆忌时，苍鹰扑在宫殿上。他们三人，都是百姓中有才能、有胆识的人，心中的怒气还未发出，上天便降示征兆。（笑容收起，眼神变得犀利）加上我的话，就是四个人了。

（秦王听完，身体往后微躲，不敢作声）

唐雎：若有胆识、有才能的人被逼得发怒，那便会有两个人的尸体倒下，血溅五步之内，天下百姓要穿起丧服，今天就是这个时候！（突然起身拔出长剑，同时冲到秦王面前，剑锋直指秦王）

秦王：（浑身冒冷汗，脸色煞白，双手颤抖，直身跪立，说话哆嗦）先生别，别激动，赶紧请，请坐，还不至于到这地步。我算是明白了，韩国、魏国都灭了，安陵却凭方圆五十多里地幸存，是多亏有先生这样的人在啊！

秦王吩咐侍从设席，恭敬地招待唐雎。

子任务4：排演戏剧

1. 选拔导演及演员，排练戏剧

（1）学生们自由组合成若干剧组，各剧组先自己排练，然后根据表演的情况，全班同学共同推举适合的导演、编剧、演员代表班级参赛。

（2）剧组在导演的指挥下排练。学生之间的合作、分工、协调，包括查阅资料，联系老师和家长帮忙，联系社会机构借服装、道具，等等，均由学生主导，语文老师协助。

（3）学生查阅《丰"衣"足"饰"传统服饰鉴赏——秦汉篇》《中国各朝代的服饰与妆容——春秋战国》《冯学荣：这些历史真相，真的令人大呼过瘾》《穿越到先秦，你真的会"坐"吗？》《历史时间与地理空间：中国古典舞闪放与原型批评》《【中音史】第三章　秦汉时期的音乐》等与战国末期的服饰、坐姿、家具、舞蹈、音乐等相关的文章或资料，了解《唐雎不辱使命》时代背景的历史细节，给演出的舞台布景、道具、服装等找到历史依据。

（4）剧组在语文、历史、音乐、美术等学科老师帮助下排练戏剧。语文老师帮助指导台词和动作；音乐老师帮助指导背景音乐和舞蹈；美术老师帮助指导舞台布景、服装、化妆等项目；历史老师从历史角度帮助指导道具、礼仪、化妆、服装以及宫廷乐舞的选择。

2. 正式演出

观看各班演出结束后，所有学生需要根据"评价量表"写评论文章（"《唐雎不辱使命》演出的量化标准"见前面第七部分）。导演和演员主要对整个编演过程进行反思和总结，学生观众对演员们在舞台上的表演做出评价。

九、反思

（一）教师层面反思

1. 本单元的设计和教学以任务为导向，以活动为主体，以培养核心素养为目标

整个单元以"改编和演出《唐雎不辱使命》独幕剧"为核心任务，这个任务领起了整个单元的所有知识学习、技能训练、活动展开。为了完成这个任务，学生要了解改写、扩写的原则和方法，要了解剧本在形式和内容上的特点，要把改写和扩写的知识与剧本的特点整合在一起，要学会自己创编剧本，要在排演戏剧过程中当导演、当演员、当剧务，要与同学分工合作，要与老师、家长和社会机构打交道……在这一系列的学习和活动中，学生学到了知识，增长了才干，发展了思维，拓宽了视野，扩大了交往，这就是大单元教学的魅力所在——培养学生的核心素养，着眼于他们的未来发展。

2. 统整性的教学，对教师的考验极大，使教师的使命感增强

大单元教学突破以往将阅读、写作、口语交际、综合性学习独立成块的状况，为学生构建了一个综合、立体、开放的语文实践活动平台。这就要求教师不能只站在某几个知识点、某一篇文章、某一道试题的层面上执教，而是要站在为培养学生的核心素养而教的高度，要站在每个单元、每个活动都是在为学生的未来奠基的高度。这就使得教师能够设计出统领整个单元学习的大概念、大任务，并设计出相应的评价标准、子任务，等等。时代和社会的发展需要教师站在更高的位置组织教学，

这就增强了教师的责任感和使命感。

3.评价

就这一单元的学习效果而言，学生在"改编剧本"这个任务中的成果还是可圈可点的，绝大多数学生对于剧本要突出人物形象这一点把握得很到位，基本没有出现东拉西扯、离题万里的作文。但是，有一个现象不容忽视，就是很多学生"翻译"的痕迹比较明显，发挥想象的内容有限。反思起来，这恐怕要归因于课堂上教师的引导不够。教师应该在学生着手改写之前，对可以发挥的地方引导部分优秀学生举出实例，这样就给打不开想象的学生提供了样例，也就有效避免了后来成文中想象缺失的弊端。

从学生表演的成果看，台上表演的效果还是非常令人惊艳的。特别是因为前期排练过程中，学生查阅了很多资料，也征询了很多老师的意见，在服装、道具和演员的坐姿、拜见秦王的礼仪等细节上令人称道。由此也提醒教师在今后开展类似的大单元活动时，要多关注细节，要时刻将展示和弘扬中华优秀传统文化、增强文化自信放在重要位置上。

（二）学生层面反思

学生在以下几方面进行反思：

（1）关于改写和扩写：我是否知道了改写和扩写的基本原则和方法？

（2）关于剧本：我是否了解了剧本在形式和内容上与其他体裁的文章有哪些区别？好剧本的标准有哪些？

（3）关于《唐雎不辱使命》：我是否能正确解释课文的词语、句子？是否能用自己的话讲述这个故事？我是否对唐雎和秦王两个人物的形象有了比较准确的理解和把握？

（4）关于改写剧本：我的改写作品是否达到了评价标准中的四个维度要求？

（5）关于表演戏剧：我在编演戏剧这个环节的活动中担任了怎样的角色？我对自己的表现是否满意？为什么？

（6）关于整个活动：在整个单元的学习过程中，我对自己哪些地方满意或不满意？今后如何提高？

《儒林外史》整本书阅读大概念教学设计

> 整本书阅读运用大单元教学策略能够引导学生对名著的解读走向深度。下面以《儒林外史》为例展示大单元教学在整本书阅读中的应用。

一、整体学习构想

九年级上册第六单元的四篇文章中，《范进中举》选自长篇讽刺小说《儒林外史》。《范进中举》与《孔乙己》是批判封建科举制度的两篇文章。学生从中认识到科举制度对于读书人身心的摧残，乃至对整个社会风气的毒化。《儒林外史》整本书的核心思想是揭示封建科举制度腐蚀和败坏儒林及整个社会的消极影响。科举制度到了明清两代之所以成为禁锢人思想的枷锁，主要是因为朝廷以"八股取士"，最终造成"一代文人有厄"。作者吴敬梓以犀利的目光看透了科举制度对于国家选拔人才所造成的恶果，这部作品引起了很多有识之士对于当下国家的人才选拔和培养制度的深思。

吴敬梓以嬉笑怒骂的笔触描绘了"八股取士"环境下的社会众生相。在他的笔下，科举制度让人性变得扭曲：有的读书人为之癫狂，将大半生耗费在举业上；有的读书人附庸风雅，故弄玄虚，似雅实俗；有的读书人满口仁义道德，满肚子男盗女娼，虚伪至极；更有无数儒林以外的平头百姓，对科考成功者趋炎附势，对科考失败者百般嘲弄。除了无情地揭露科举制度造成的人心趋炎附势和社会乌烟瘴气，《儒林外史》也表达了对污浊现实的"拯救"。评论家黄安谨认为《儒林外史》作者之意为醒世计，非为骂世也。作者借王冕、杜少卿、虞育德、庄征君等角色开出了自己"疗救"的"药方"。另外，鲁迅评价《儒林外史》说"于是说部中乃始有足称讽刺之书"，又说"讽刺小说从《儒林外史》而后，就可以谓之绝响"，这部小说的讽刺艺术达到了令人拍案叫绝的程度。

基于以上对小说的分析，《儒林外史》阅读的大概念确定为：吴敬梓以辛辣、超凡的笔法和形象、洗练的语言讽刺了"儒林"及社会众生相，在讽刺艺术中揭露"八股取士"制度误国害民的实质，同时也开出"疗救"病态社会的个人药方，引发读者对当下国家选才方式的思考。

整本书阅读分为三个阶段，即"挖掘小说讽刺的对象""探究作者的社会理想""总结小说的讽刺艺术"。每个阅读阶段对应一个大概念。根据小说语言的时代特点，再加上初中生阅读的实际水平，计划每天阅读两章，整本书预计用一个月的时间读完。

二、学习目标设计

素养目标：能通过口头及书面方式，向他人介绍作品的人物特点及相关事件；通过"写三封信"的文学体验活动，梳理名著中的信息，听取并整理他人的观点与认识，概括提炼他人解决问题的方法与策略用以解决自己的问题；对比明清选拔人才的制度，对当下我国的中考和高考制度有自己的思考并提出一定的见解。

阅读大概念	具体阅读目标
大概念1：作者通过讽刺的笔法向读者展现被封建科举制度毒害的各色人等，表达他对科举制度罪恶本质的清醒认识	1. 能将小说中作者加以讽刺的众多人物进行分类 2. 能给别人讲述上述人物的故事，做到绘声绘色，可以加进自己的理解和想象 3. 能从上述人物的表现，结合课外资料，总结出科举制度扭曲士人灵魂、毒化社会的本质 4. 能通过写信的方式将人物形象、故事情节、科举制度的弊端等内容整合在一起，有理有据地表达自己的观点
大概念2：小说讽刺了深受科举制度影响的读书人和民众，同时作者对如何改变社会现状提出了自己的方略	1. 能例举作者赞赏的几个人物及其事迹 2. 能分析并概括出几个人物身上所寄托的作者的社会理想 3. 能用简洁的语言概括三次"诗会"及"祭泰伯祠"之间的不同性质 4. 能从泰伯祠的变化、"儒林"风气的变化等内容推测出作者理想的幻灭及其社会原因 5. 对比明清的科考制度，反思我国当下的选才方式，发表自己的见解 6. 能通过写信的方式将人物形象、故事情节、作者的社会理想、当下的选拔人才制度等内容整合在一起，有理有据地表达自己的观点
大概念3：作品中的讽刺艺术通常表现在运用不失真实的夸张、横向与纵向的对比、人物心口不一的白描、令人印象深刻的场面描写等方式，让人物在作者不动声色的叙述中丑态毕现，引人哑笑	1. 能对被讽刺对象的丑行丑态进行概括式讲述 2. 能对作者所运用的讽刺方式加以赏析并阐述 3. 能鉴赏生动形象、幽默诙谐、富有表现力的语言 4. 能通过写信的方式对作品的讽刺艺术及语言特色结合作者生平加以赏析，有理有据地表达自己的观点

三、学习评价设计

1. 最终评价任务1设计

在《儒林外史》最后一回中，"神宗帝下诏旌贤"，但你认为这里有很多人不应受到旌表。请你至少挑出10个人，给神宗帝写一封信，用足够充分的理由说服他在名单上划掉这一干人等，并就此向神宗帝阐明当时的科举制度的弊端。

成果1评价分析型量规表设计：

水平	指标及权重				
	书信必要的格式与内容（20%）	事件概括（20%）	人物形象分析（20%）	危害性分析（20%）	科举制弊端分析（20%）
1	没有注意到书信的格式，没有提及自我介绍和写信原由	例举10个人的荒唐事迹。没有对人物进行分类。故事概括过于简单，让人听了无法还原原著	对10个人的事迹有分析，但分析过于简单，甚至不正确	没有指出如果他们上榜对国家的危害性	没有分析他们的言行产生的社会因素。没有对当时的科举制度的弊端进行分析阐述
2	书信的格式发生错误。内容没有涉及自我介绍或者写信原由	例举10个人的荒唐事迹。故事概括与原著有些出入，概括的语言没有抓住重点。人物归类有些差错	对10个人的事迹有分析，但对人物特征概括得不全面，有的地方不够准确	指出如果他们上榜对国家的危害性，但有的分析不够明确，或者出现偏差	分析了人物的言行产生的社会因素，但不合理。对当时的科举制度的弊端进行了分析阐述，但不够合理
3	符合书信的格式，有称呼、问候语、敬语、署名、日期。内容涉及自我介绍及写信原由	例举10个人的荒唐事迹，概括抓住要点，符合原著。能按照轻"文""行""出""处"四个方面将人物归类	对10个人的事迹有分析，准确分析他们言行的荒诞及人格的特点	正确指出如果这些人物上榜对国家的危害性	正确分析人物的言行产生的深刻的社会因素。对当时的科举制度的弊端进行合理分析并阐述

2. 最终评价任务2设计

请你给神宗帝写第二封信，向他推荐当世至少8个真名士，让他充分认识到这些人才是国之良才，并就此向神宗帝提出自己对国家选才制度的意见或建议。

成果2评价分析型量规表设计：

水平	指标及权重			
	推荐的人物 （10%）	推荐理由1 （30%）	推荐理由2 （30%）	意见或建议 （30%）
1	推荐的人物不足8人，而且有的也不属于真名士	故事概括过于简单，让人听了无法还原原著。人物评价过于简单，有错误之处	没有涉及人物忧国忧民的言行	没有对国家选才制度提出意见或建议
2	推荐的人物有8人，但个别不属于真名士	推荐理由包括对人物事迹的概括，但故事概括与原著有点出入，概括的语言没有抓住重点。对人物有评价，但评价不够全面、准确	人物忧国忧民的言行概括得不够全面	对国家选才制度提出了意见或建议，但不合理、不可行
3	推荐的人物有王冕、杜少卿、庄征君、虞育德、"市井四奇人"等	推荐理由有理有据，包括对人物的事迹准确、精炼概括，对人物进行准确、全面的评价	例举出人物忧国忧民的言行	对国家选才制度提出有效的意见或建议

3. 成果3评价分析型量规表设计

请你给神宗帝写第三封信，推荐吴敬梓作为作家协会主席，让神宗帝欣然接受这个推荐。

成果2评价分析型量规表设计：

水平	指标及权重			
	作者生平介绍（20%）	名人评价（20%）	讽刺艺术分析（30%）	语言风格（30%）
1	没有介绍吴敬梓的生平	没有引用一些知名人士对吴敬梓及其作品的评价	有对故事情节的例举，但缺乏对讽刺艺术的凝练概括，或者只有结论，缺乏必要的例证	没有对作品语言的赏析

续 表

水平	指标及权重			
	作者生平介绍（20%）	名人评价（20%）	讽刺艺术分析（30%）	语言风格（30%）
2	介绍吴敬梓的生平，但与个人品格关系不大	引用一些知名人士对吴敬梓及其作品的评价，但与其人品或者作品讽刺艺术的关系不大	结合原著情节，分析、概括作品纯熟的讽刺艺术，但情节与讽刺手法有的不匹配，对讽刺艺术的提炼、概括不够准确	例举原著中的经典情节，对其中的人物、景物、场面描写等进行赏析，但赏析不够精彩，有的地方不够准确
3	介绍吴敬梓的生平，着重突出他高洁的品格	引用一些知名人士对吴敬梓人品及其作品讽刺艺术的评价	结合原著情节，分析、概括作品讽刺艺术的纯熟使用，例如对比手法、夸张手法、白描手法、场面描写等，突出吴敬梓高超的写作水平	例举原著中的经典情节，对其中的人物、景物、场面描写等进行赏析，突出作品语言辛辣、简洁、形象等特点

四、阅读过程设计

（一）概述

自1840年到1949年，一百多年的中国近代史，是中华民族饱受外寇入侵、山河破碎、任人宰割的屈辱史。为什么令西方人羡慕的东方文明古国一朝沦为被动挨打的落后民族？其中的原因错综复杂，但人才选拔策略——科举制度的僵化绝对是一个重要因素。科举制度，曾经在古代中国起到过推动国家进步、促进社会繁荣的巨大作用，比如，宋仁宗一朝最负盛名的"千年龙虎榜"，通过一次科考便榜上有名的就有苏轼、苏辙、张载、程颢、程颐、曾巩、曾布、吕惠卿、章惇、王韶等人，其中"唐宋八大家"就占了三席，张载就是说出"为天地立心，为生民立命，为往圣继绝学，为万世开太平"的那位理学大师，程颢、程颐兄弟二人是"程朱理学"的开创者，曾布、吕惠卿、章惇、王韶是著名的政治家。就是这样的科举制度，为漫长的封建社会选拔出了大量杰出人才。可是为什么到了清代后期，国家却衰败不堪呢？明清两代的科举制到底出了什么问题？我们现在的中考、高考制度也是国家选拔人才的最主要的途径，与科举制度相比，有没有需要改进的地方？这些问题，同学们一定都有探究的欲望。那就捧起这本奇书——《儒林外史》，去里面寻找答案吧。

我们将用一个月左右的时间阅读《儒林外史》整本书。通过阅读，我们将解决几个主要问题："小说讽刺的对象到底是谁？"以此搞清楚明清两代科举制度的问题到底是什么；"作者的社会理想是什么？"以此搞清楚利国利民的人才选拔方式应该是怎样的；"作者是如何讽刺社会现实的？"以此搞清楚《儒林外史》为什么备受推崇。

单元结束时，同学们要给小说中的神宗帝写三封信，帮助最高统治者认清中国社会选拔人才走过了多么令人痛心疾首的弯路，也引起我们自己对当下中国的人才选拔策略做理性的思考。

（二）第一阶段：小说讽刺的对象到底是谁？（重点学习大概念1）

第一步：

学生阅读第二回到第三十回，思考基本问题：小说讽刺的矛头指向谁？

（1）学生边读边画思维导图：将范进、周进、娄氏两位公子、匡超人、牛浦郎等人按照出场顺序，概括出他们的所作所为及其所表现出来的形象特点。

（2）学生自选一个人物，以第一人称口吻讲述这个人身上前前后后发生的故事，可以加进自己的理解和想象，但基本情节和人物形象要忠于原文。学生将自己的讲述录制成小视频，发在班级群里。由家长选出优秀的讲解人。班级公开播放获得前几名的视频。

（3）小组协作完成：将人物进行贴标签式的分类，举例说明分别是哪些人。

（4）师生交流，讨论问题：这些读书人为什么会"把文行出处都看得轻了"？

作业：查阅有关"八股取士"的资料，了解明清科举制度钳制知识分子思想和禁锢社会精神的罪恶本质。

第二步：

（1）完成最终评价任务1：在《儒林外史》最后一回中，"神宗帝下诏旌贤"，但你认为这里有很多人不应受到旌表。请你至少挑出10个人，给神宗帝写一封信，用足够充分的理由说服他在名单上划掉这一干人等，并就此向神宗帝阐明当时的科举制度的弊端。

（2）学生自己根据评价量表修改信件。

（3）小组根据评价量表互相修改信件。

（4）小组推荐优秀信件，老师根据评价量表修改。

（5）各班语文老师将优秀作品收集起来，统一打印。

（三）第二阶段：作者的社会理想是什么？（重点学习大概念2）

第一步：

学生阅读第三十一回到第三十七回，思考基本问题：理想的知识分子形象和社会风尚是什么样的？

（1）学生边读边继续画思维导图：找出"真名士"的代表人物及相关事件，分析他们所表现出的风骨。

（2）小组讨论完成：①为什么把王冕放在"楔子"部分而不是范进、周进？②王冕、虞育德、庄征君、杜少卿，他们是如何看重"文行出处"的？③作者对"祭泰伯祠"和"三次诗会"的情感倾向有明显区别，区别在哪里？

（3）师生交流，讨论问题：你认为以目前中、高考的选才方式能把看重"文行出处"的人选拔出来吗？

作业：查阅中国从古至今选拔人才制度的演变史。

第二步：

学生阅读第三十八回到第五十六回，思考基本问题：儒林的"伪君子"和"真名士"都已经写得很充分了，为什么还继续写后面一些人的故事？

（1）学生边读边继续画思维导图：找出这部分出现的人物及相关事件，概括他们的形象特点，在此基础上将他们进行分类。

（2）小组合作完成：泰伯祠有哪些变化？"儒林"风气有哪些变化？作者"兵农"理想的结果是什么？

（3）师生交流，讨论问题："市井四奇人"为什么不放在第一回写？

作业：查阅有关"工业革命"的资料，想想如果工业革命最早发生在中国的话，在人才选拔和培养上需要提前做好哪些准备？

第三步：

（1）完成最终评价任务2：请你给神宗帝写第二封信，向他推荐当世至少8个真名士，让他充分认识到这些人才是国之良才，并就此向神宗帝提出自己对国家选才制度的意见或建议。

（2）学生自己根据评价量表修改信件。

（3）小组根据评价量表互相修改信件。

（4）小组推荐优秀信件，老师根据评价量表修改。

（5）各班语文老师将优秀作品收集起来，统一打印。

（四）第三阶段：作者是如何讽刺社会现实的？（重点学习大概念3）

学生整理阅读笔记，思考基本问题：鲁迅说"讽刺小说从《儒林外史》而后，就可以谓之绝响"，这句话有道理吗？为什么？

第一步：

（1）学生回顾作者笔下讽刺的"轻文行出处"的人物，至少选择5个人，梳理作者从哪些方面讽刺了这些人物。

（2）学生针对被讽刺的人物，从讽刺效果推断所使用的讽刺手法。

（3）组内交流学习结果，将不能统一意见的问题整理好。

（4）学生在班内提出小组的不同意见，老师组织全班学生分析、判断，达成一致。

第二步：

（1）学生选择小说中自己最欣赏的5处文字，每处写赏析性文字不少于150字。

（2）组内交流学习成果，每个组推荐两个最优秀的同学在班内交流。

（3）每个组的优秀代表将自己的赏析性文字及文章选段制作成PPT，在班内讲解。师生点评。

第三步：

（1）完成最终评价任务3：请你给神宗帝写第三封信，推荐吴敬梓作为作家协会主席，让神宗帝欣然接受这个推荐。

（2）学生自己根据评价量表修改信件。

（3）小组根据评价量表互相修改信件。

（4）小组推荐优秀信件，老师根据评价量表修改。

（5）各班语文老师将优秀作品收集起来，统一打印。

（6）教师将本次连同前两次的优秀习作一起装订成册，作为"校园读书月"活动的赠品发给学生欣赏。

（五）反思

（1）教师层面的反思：单元最终评价任务设计有高度、有深度。

老师和学生都反映，《儒林外史》是教育部制定阅读的初中阶段十二部名著中最难读的一部。这部著作之所以难，在于自从《儒林外史》问世以来，人们对于它的主旨争论不一。例如"功名富贵说"。闲斋老人在《<儒林外史>序》中说："其书以功名富贵为一篇之骨：有心艳功名富贵而媚人下人者；有倚仗功名富贵而骄人傲人者；有假托无意功名富贵自以为高，被人看破耻笑者；终乃以辞却功名富贵，品地最上一层，为中流砥柱。"这一说法为很多后来学者所推崇。还比如"民族主义说"。吴祖湘称吴敬梓为"一位热诚的爱国者"，姚雪垠认为他有"强烈的民族主义和情感上的爱国主义"，意思是说吴敬梓通过不参政事表现人格清高的做法，代表爱国的抗议行为，是对清政府统治的间接批评。此外，还有"反举说""丑史说""公心讽世说""文人命运说"等。

另外，《儒林外史》难读还在于它的人物众多，却没有一个核心人物。没有一个人物贯穿整本书，包括作者的"代言人"杜少卿，所占回目相对较多，但在前三十回中他都还没出现，而整本书也共五十六回而已。

难读的第三个原因，作者大量使用"反语"，真假虚实一时难辨。例如，作品的回目说的是"正话"，内容却是"反说"。"第三回　周学道校士拔真才　胡屠户行凶闹捷报"中的"真才"指的是文章写得连番两次都让周进看不懂的范进，也就是那个连苏轼都不知何人的范进。"第十二回　名士大宴莺脰湖　侠客虚设人头会"中的"名士"是指落榜不第、心有不满、自视名士的娄氏两位公子，他们出资举办的盛大的"莺脰湖诗会"是一场没有一句诗作，伪君子、假儒生、傻赌棍等乌合之众拼凑的一场闹剧。"侠客"是指用猪头当人头骗取娄氏五百两银子的张铁臂。诸如此类的反语比比皆是，令人一时间难辨真伪。

对于这样一本难以读下去、读得懂、读得好的名著，如何引领学生"读进去"，还能"读出来"，读出人物性格，读出士林的百行百态，读出作者的人生态度，还能读出对今天人才制度的思考，这是很考验语文老师的。

本设计中的评价任务，可以说抓住了解读《儒林外史》的三个核心关键：当时的儒林什么样？作者用什么方法描绘儒林样貌？作者对儒林的态度什么样？为了解决这三个问题，学生就要将众多的人物分类，分类过后学生就会明白作者的写作目的何在，明白了写作目的的同时也就看懂了作者在讽刺谁，也就读明白了所用的写法。这就是所谓的"有高度"。

三个评价任务没有停留在上面所提及的"读懂"层面，而是将学生的视角引向现实。一个民族的繁荣昌盛离不开选拔人才和对待人才的制度。中国自隋唐以来选拔人才主要采取科举制度，这个制度对现代中国仍然有它的影响力。建设现代化的中国，究竟如何选拔人才？评价任务引导学生思考这个关乎国家命运的问题，这就将学生的思维引向深刻，将学生的思想引向现实。这就是所谓的"有深度"。

（2）学生层面要从以下几方面进行反思：

阶段	哪里做得好？	哪里做得不够？	如何改进？	是否已改进？
第一阶段				
第二阶段第一步				

续 表

阶段	哪里做得好？	哪里做得不够？	如何改进？	是否已改进？
第二阶段第二步				
第三阶段				

布置持续性反思任务：结合阅读《儒林外史》的认识和理解，查阅一些发达国家选拔人才的方式，对比中国古代和当代的选才制度，围绕"提升中国国力的人才选拔制度的思考"的主题写一篇小论文。

附 录

统编版语文八年级下册第五单元

课堂教学实录

——"游目骋怀，记之成章　知文体"课堂教学实录

下面是统编版语文八年级下册第五单元的整体设计，是以"文体特质"作为单元学习主题的案例。

一、导入，认识游记价值

师：同学们好！上节课大家读了四篇课文，这节课我们继续共同学习"游记"单元。

（师板书"游记"）

大家都有或远或近、或长或短的旅游经历，通常通过拍照片或视频记录旅游经历，那还有必要写游记吗？请大家观看两个关于壶口瀑布的

短视频，看完后谈谈你对这个问题的认识。

（师播放视频，学生观看）

生 1：当我看第一个视频的时候已经感到很震撼了，但看了第二个视频里的文字感觉更震撼了。不仅壶口瀑布的壮丽让我震撼，作者的感受也让我震撼。

生 2：我看到第二个视频的字幕的时候，心里特别有感触，如果作者没有写到自己的感受，我也想不到这些。

生 3：只看到景色时，我感到瀑布太壮观了，再看到字幕后就觉得黄河有一种精神。

师：我发现咱们四班同学语言的感悟能力和表达能力都很强，我都被你们的发言感动了。是啊，脚步丈量不到的地方，文字可以；镜头抵达不了的地方，游记可以。这恐怕就是写游记的意义吧。

二、交代单元任务

师：既然懂得了这一点，我们就要开始学习写作游记。"南山初语"公众号开辟了一个栏目——"我们写作吧"，至今已经四年，专门刊发南山学子的优秀习作。请大家读一读单元任务。

生齐读：将自己的游记文章投稿到"我们作文吧"栏目。希望借助你的文章，全国中小学生都能够欣赏到这世上动人的山川风物、四时人情，让人们读了你的文字，激发起"世界那么大，我想去看看"的想法。

三、认识"游记"

师：我看到有的同学读着读着眼睛里放出光芒，大概想跃跃欲试了。但我猜有的同学心里可能还有顾虑，担心自己写不好，对吧？那你们担心的"点"是什么呢？

生4：我不知道用什么样的语言把游记写得那么好。

生5：我比较担心景色描写写不好，不能给人身临其境的感觉。

生6：我不知道选择哪个景点来写。

师：这个单元的学习就是要帮助大家解决这些问题。我们从"认识游记"开始，然后再认识"好游记"，最后再写游记。

下面就开启我们的游记之旅吧。读了四篇游记文章，哪些同学能谈谈游记给你的第一印象？

生7：我认为游记是写自己旅游过程中的景物和感受。

生8：游记是记叙文，也可以是散文。

生9：我觉得游记是写旅途中的一些事情和对这些事的感受。

师：这几位同学能在不同文章中发现共同点，提炼出对游记的认识，说明有一定的概括能力。他们的结论准确不准确，全面不全面？哪些同学能结合预习作业中画的思维导图，再具体谈谈对游记的认识？我今天中午把同学们画的思维导图全部放在了PPT里，下面咱们用抽盲盒的方式决定到前面讲解的人吧。（师捧着一个盒子到一名学生前）

师：你来担任第一位"抽奖嘉宾"，好吗？

（学生抽出一个纸条，念出一个名字。其他学生看着被念到名字的人笑起来）

（老师在PPT上找到这名学生的思维导图）

师：请你面对大家讲一讲思维导图的内容。

生10：我画的是《壶口瀑布》。作者最开始到达"滩里"，看到瀑布"像一锅正沸着的水"，感到特别害怕，就离开了。后来第二次作者在枯水期走到了河心，看到了壶口瀑布势如千军万马，"像一曲交响乐，一幅写意画。"作者想到了黄河好像一个人，经历了许多磨难形成了自己的个性。

师：那你根据自己画的思维导图，能得出什么结论呢？

生10：我得出的结论是，游记就是写到了哪里，看到了什么。

师：刚才几位同学和现在的怡彤同学都谈到游记要交代到哪里去，这就叫作"游踪"。

（师板书"游踪"）

师：感谢怡彤同学的分享。我们再来听听别的同学怎么说。

（师又请第二位学生抽取名字，学生们鼓掌）

（师找到这名学生的思维导图）

师：请你来解说。

生11：我画的是《登勃朗峰》。作者他们先到了马蒂尼，然后到了黑首，又到了阿冉提村。前半小时他们目睹了勃朗峰，看到了奇幻的景色。后来下山时遇到了一位车夫，车夫纵饮后略显醉意，称自己是车夫之王，经过一路颠簸，车夫成功把他们带到目的地。

师：据此，你认为游记是什么？

生11：游记就是写自己的经历和感受。

师：感谢益嘉同学，要是思维导图上写上课文的名字就更好了。

（师板书"感悟"）

师：《壶口瀑布》《在长江源头格拉丹东》《登勃朗峰》三篇文章共同写到的内容有哪些？

生12：自然景观。

师：很好，山川景物，自然景观。

（师板书"山川景物"）

师：《登勃朗峰》与其他三篇明显不同的地方是什么？

生 13：它还写人、写事。

师：很好。

（师板书"人物""事件"）

师：我们更多的时候以为游记只是写自然景物，现在发现原来还可以写人、写事。《登勃朗峰》中的车夫给我们留下了很深的印象，特别是他反复说的一句话是——

生齐说：我是车夫之王啊。

师：大家夸张一点说这句话，说出车夫的自信和幽默的语气来。

（生齐说，但声音小）

师：这样吧，我说几句话，你们不断用这句话回答我。

下山的时候，我们落在了队伍的最后面。我担心今晚要风餐露宿了，可是那位车夫说：相信我——

生齐说：我是车夫之王啊。

师：只见他鞭子一振，车便辚辚地跑起来。开始时尚有两轮、一轮着陆，大部时间则几乎轮不匝地。我吓坏了，车夫却时不时回过头对我说：老兄，你应该感到幸运，因为——

生齐说：我是车夫之王啊。

师：结果，他真的没有食言，我们跑在了队伍最前面，住进了一间上等的房间。我真正相信他所说的——

生齐说：我是车夫之王啊。

（学生大笑）

师：马克·吐温真不愧是享誉世界的幽默大师，寥寥数语就让人物跃然纸上。作者写了这样一个人物，就是为了告诉读者他的一段奇遇吗？

如果让你给文章续写一个结尾，你会说什么？

生14：可能会说，做事情的时候要自信。

师：好。你再说说。

生15：作者可能是想告诉我们，旅途虽然颠簸，但在这个过程中会有快乐的人和事。

师：人生路上不寂寞。你怎么说？

生16：人生路漫漫，一定会遇到不测的风雨，我们必须用平常心对待，才能穿过风雨见到彩虹。

师：你的语言富有诗情画意。谁再接着说？

生17：当我们遇到坎坷的时候不要放弃，努力征服它。

师：说得挺好。

生18：如果我们暂时落后于他人，不必过于焦急，我们把脚下的路走好，最终也能超越他们。

师：我发现同学们不仅话说得好听，而且富于哲理。所以说，游记要抒发对旅游的彼时彼刻的独特感悟。

（师板书"独特"）

师：哪些同学画的是《一滴水经过丽江》的思维导图？

（一部分学生举手）

师：你们发现了吗，这篇文章的思维导图中地点特别多，对吗？你们想过没有，为什么这篇文章的地点多，而前三篇不会如此？

生19：因为这篇文章是从一滴水的角度进行描写，水流经的地点可以很多，而前几篇是从人的视角进行描写，人不可能走那么多地方。

师：他一语中的。原来游记不仅可以从人的视角写，还可以从物的视角写。你们要不要把自己化身为一片云、一阵风？

（学生有的摇头，有的笑了）

师：想挑战的同学不妨一试。一滴水走过了那么多的地方，经历了那么多的人、事、物、景，可不可以高度提炼一下？比如大家听我说一句话，然后效仿着说：游记还可以写名胜古迹，例如《一滴水经过丽江》中就写到了著名的四方街和大水车。

（生20站起来，但说不出话来）

师：再考虑一下，请坐。

生21：我觉得游记还可以叙述历史掌故，比如说《一滴水经过丽江》中写到木氏家族率领百姓建起了名扬四海的四方街，还有徐霞客让玉龙雪山的名字得以四处流传。

师：概括得多好，你来把"历史掌故"这四个字写到黑板上吧。

生21：我觉得游记还可以写风土人情，《一滴水经过丽江》还写了"打着银器的小店"，还有"白须垂胸的老者们"，还有"纳西人三坊一照壁的院子"，作者通过写这些风土人情就可以把自己的感受表达出来。

师："风土人情"，你也来写到黑板上。

生22：我觉得还可以写现实生活。《一滴水经过丽江》写了主客交谈，街上也是人来人往，并且还写了晚上茶楼酒吧里面传来了人们的欢笑与歌声。

师：把你的结论也写在前面吧。

生23：我认为还可以写人文景观，写古城的繁荣，写人们的怡然自乐，还可以写夜晚景色。

师：我觉得你们把文章都读懂了，读透了。也请你把结论写在上面。

现在，同学们抬头看黑板，我们发现，几篇游记放在一起可以得出共同点：每一篇游记都要写到游踪。老师帮忙概括一下，这个可以称之为"所至",还要写"所见",还要发表"所感"。请同学们记笔记,"所至、所见、所感"是游记的"三要素",必不可少。

(学生记笔记)

师:同学们看着黑板总结,到底什么是游记?

生24:我认为游记是作者通过描写山川景物、人物事迹、历史掌故、现实生活、人文景观,表达自己的感悟的文章。

师:你呀,很善于总结。

生25:我觉得游记就是"记游",相当于自己出去玩,将自己所到的地方、所见的山川景物、历史掌故等,还有到那里的感受写出来,这就是游记。

师:你说的"游记就是记游",我觉得非常经典,我同意你的观点。

现在大家看一下,我们对游记的认识是不是比最初完备很多了?我们大家一起来总结——

师生一起总结:游记就是记述游览过程中的所至、所见、所感,所至指的是游踪,所见包括山川景物、人物事件、人文景观、历史掌故、风土人情、现实生活等,所感指的是独特的感悟。

四、加深认识

现在进入"检验"环节。预习单上的四篇课外文章都读过了吗?你们辨认一下哪些是游记,哪些不是,请说出依据。

(学生看手中的预习任务单)

师:有的同学已经不由自主地跟同桌开始商量了。大家可以与前后左右的同学商量。

生26:我觉得《春》不是,因为没有写游踪,只是单纯地写春天的景色。《导游词》也不是，因为只是大概介绍了有什么，也没有抒发感悟。《读三峡》我觉得是游记，因为它主要描写了三峡的景观，有地点，而且也有自己的感受。《一片雪花的自述》也不是，因为它只是说自己是一片雪花，没有具体说在哪些地点。

师：他的结论大家都听清了，我不再重复。有没有不同意见要发表的？

生27：我觉得《读三峡》不是游记，因为它虽然写了地点、写了人物、写了感受，但是游记必须是自己亲身到的地方，亲自感受的才算。《一片雪花的自述》我觉得是游记，因为作者以雪花为视角，写所见、所感，是自己亲身经历过的，而且是自己领悟到了雪花存在的意义是什么。

师：出现了分歧，那我们对分歧点发表自己的看法。

生28：我觉得《读三峡》是游记，因为第一句就写了"我满怀着四十余年的渴慕，放舟江上，畅游三峡"，这就说明作者肯定到过这，并且见过这里的景色才写下的这篇文章。《一片雪花的自述》应该不是游记，因为它只描述了雪花到来的意义什么的，但没有说雪花去过哪，不像一滴水去过四方街什么的。

师：你同意第一位同学的观点。来，你继续。

生29：我也是同意第一位同学的观点。《读三峡》虽然题目是"读"三峡，文中有很多诗句，但是作者是真的到了三峡，他是看到了那些景观，然后想到了诗中或书中的句子。《一片雪花的自述》其实也没有讲所至，讲的其实应该是雪花的一生。

师：哪些同学与第一位同学的观点是一致的？请举手。

（师看着第二位发言的学生说）这一次真理掌握在大多数人手里了。我也同意第一位同学的观点。我还发现尽管你们的观点不一致，但你们谈依据的时候都是根据我们刚刚学过的"三要素"，只不过有的同学发现了，有的同学没发现三个要素而已。

（师看着第二位发言的学生说）课下把几篇文章再好好读读，好吗？

（生点头）

师：下面我的问题是——《西游记》是不是游记？

（学生自动开始讨论）

师：已经有人迫不及待举手了。

生30：我认为《西游记》不是游记，因为它是吴承恩编的神话小说，里面的"天庭"现实生活中是没有的，所以没有真正的所至。既然没有所至，也就没有看过，没有所见。

师：他说"没有所至"我不同意，孙悟空去天宫、去地府、去东海、去西天，这不是所至吗？

生31：《西游记》里是有所至，但是这是书里的人物去的地方，而且玉皇大帝等人都是虚构的，整个小说写的不是作者亲身去过的地方，作者写这个小说也不是为了说自己去什么地方、什么感受，主要是为了讽刺当时社会的风气。所以这是小说，不是游记。

师：她说了三点。第一点，她说《西游记》不是从作者的视角而是从人物的视角写的，所以不是游记，这一点你们同不同意？

生32：我不同意，比如《一滴水经过丽江》就不是从作者的角度写的，而是从一滴水的角度。

师：是的，这一点我们已经认识到了，你再考虑一下。第二点，她说《西游记》有所至，但那些地方都是作者虚构出来的，并不是真实的游踪。这一点大家同不同意？

生齐：同意。

师：第三点，她说《西游记》的写作目的不是像我们所说的游览时候的感悟，而是讽刺当时的社会现实，所以写作目的与游记不一样。这两点我也同意。

这位女同学提供了这样一个信息：尽管叙述的视角可以虚构，但事件、游踪应该是真实的。

（师板书：真实）

师：请大家看河南大学教授王立群先生的一个观点，大家一起读——

生齐读：游记文是以真实的旅游、游览为基础的，这就决定了记述内容的真实性。

师：现在我们又得出了另外一个结论，游记必须写所至、所见、所感，但写所至、所见、所感的不一定是游记，对这个问题要有辩证的认识。

我们反复对比，得出游记的定义，目的就是想提醒大家：我们在单元学习的最后要写游记，要保证自己写的是游记，而不是别的什么文体。

五、反思总结

师：下面同学们看任务单上的第一个问题，本来你想写的游记是去哪里，写哪些内容。通过这节课所学，你有没有要补充或删改的内容？

生33：我本来是想写一处知名的小镇，写它的风土人情、历史故事，现在听了这节课，我想可以写写那里的山川景物、现实生活和人文景观，还要表达自己这次经历的感悟。

师：视野更扩大了。

生34：我一开始看到这个题目的时候，本来是想写三峡的，听完这节课，我知道所至必须是真实的，所以我要写自己真实的经历。我原来没想写感悟，只想写自己印象深的一些景物，现在还要写到那次旅游自己的感受。

师：你最后再谈谈。

生35：我本来只想写自己到草原的经历，现在通过这节课，我要写到先后到达的几个地方。本来只想写一路上看到的景物，现在知道了还可以写一些人和事。

六、布置作业

师：还有很多同学举手，但时间关系，我们只能到这了。通过这节课的学习，看来大家都对游记有了比较全面的认识。

课后阅读两篇写三峡的游记——王充闾的《读三峡》完整版和余秋雨的《三峡》，将这两篇文章与课内游记对比，看看在内容上还能给你哪些启示。

最后，老师有一句话送给大家：同学们，让我们去旅游吧，到另外一个地方看不一样的人间烟火；让我们写游记吧，山水是大地的文章，文章是案头的山水。心之所往，足之所至，文之所记。期待同学们的作品能在"我们写作吧"与广大读者见面。下课！

（本课获得2024年深圳市初中语文"高质量课堂"教学研究活动"优秀示范课"）